I0152555

... ne mourra , car nous
... Théâtre français. Ce sont toutes
... uteur , soit instinct , soit
... ler plus ou moins , et qui ont
... par lui-même si singulier ,
... nnais par ... autre exemple , et que
... ... trouver place que là où il
... elle qu'en étudiant mes impressions
... Alexis m'intéressait médiocrement ,
... ciel me divertissait beaucoup : c'est
du genre , et que l'autre y rentrait.
... ensée du prétendu déserteur et sa
... non moins absurde , en affaiblis-
... la situation , écartaient l'horreur
... e laissaient assez tranquille pour
du contraste de ces deux soldats ,
... prisonniers. Cette impression a

D d 2

2954

2.

En s'allumant elle fendit presque toute
la statue,....

AVENTURES
de
Robinson crusoé

Grav. et Notes.

TOME 4me

Ch. Baudouin, Imprimeur.

A PARIS.

Chez Chassaignon, Libraire.
Rue du Marché Neuf, N°3.

18..

AVENTURES

DE

ROBINSON CRUSOÉ.

J'EN reviens à la joie d'Atkins, qui était inexprimable. Certainement jamais homme ne fut plus reconnaissant de quelque présent que ce puisse être, qu'il l'était du don que je lui fis de cette Bible, et jamais homme ne se réjouit d'un don pareil par un meilleur principe. Après avoir été un des plus grands scélérats de l'univers, il établit par son changement, cette maxime certaine, que les pères ne doivent jamais désespérer du succès des instructions qu'ils donnent à leurs enfans, quelque insensibles qu'ils y paraissent être. Si jamais Dieu trouve bon dans la suite de toucher le cœur de ces sortes de gens, la force de l'éducation se saisit de nouveau de leur âme, et les instructions qu'ils ont reçues dans leur première jeunesse opèrent sur eux avec tout le succès imaginable. Les préceptes qui ont été endormis, pour ainsi dire, pendant long-tems, se réveillent alors et produisent des effets merveilleux.

Il en était ainsi du pauvre Atkins. Il n'était pas des plus éclairés ; mais voyant qu'il était appelé à instruire une personne plus ignorante que lui, il ramassait toutes les leçons de son père, qu'il pouvait se rappeler, et il s'en servait avec beaucoup de fruit.

Tome IV.

Il se ressouvenait surtout avec force de ce que son père lui avait dit sur l'excellence de la Bible, qui répandait sur des familles et sur des nations entières les bénédictions du ciel; vérité, dont il n'avait jamais compris l'évidence que dans cette occasion, où voulant instruire des païens et et des sauvages, il ne pouvait se passer du secours des oracles divins.

La jeune femme était bien aise aussi de voir cette Bible, pour le grand besoin qu'elle en avait alors. Elle en avait une, comme aussi son jeune maître, à bord du vaisseau, parmi les autres hardes qu'on n'avait pas encore portées à terre; mais il lui en fallait une pour s'en servir d'abord.

Quoique j'aie déjà dit beaucoup de choses touchant cette jeune femme, je ne saurais m'empêcher d'en rapporter encore une particularité fort remarquable et fort instructive.

J'ai raconté ci-dessus à quelle extrémité elle avait été réduite quand sa maîtresse mourut de faim dans le malheureux vaisseau que nous avions rencontré en pleine mer.

Causant un jour avec elle sur la triste situation où elle s'était trouvée alors, je lui demandai si elle pouvait me donner une idée de ce qu'elle avait senti dans cette occasion, et me faire comprendre ce que c'est que mourir de faim. Elle me dit qu'elle croyait que oui ; et voici comme elle me détailla toute cette description.

« Après avoir souffert beaucoup pendant presque tout le voyage, par la disette de vivres, il ne nous resta rien à la fin qu'un peu de sucre, un peu de vin et un peu d'eau. Le premier jour que je n'avais pris aucune nourriture, je me trouvai vers le soir un grand vide dans l'estomac, avec de grandes douleurs, et à l'approche de la nuit je me sentis fort endormie, et je ne cessai de bâiller; ayant pris un verre de vin, je me mis sur un lit, et ayant dormi environ trois heures, je me trouvai un peu rafraîchie. Après avoir veillé trois autres heures, environ sur les cinq heures du matin, je sentis les mêmes douleurs d'estomac, et je voulus dormir de nouveau, mais il me fut impossible de fermer les yeux, étant très-faible et ayant de grands maux de cœur: ce qui continua pendant le second jour avec beaucoup de variété: tantôt j'avais faim et tantôt j'avais mal au cœur, avec des nausées, comme une personne qui a pris un vomitif. Je me remis sur le lit vers le soir, ayant pris un verre d'eau pour toute nourriture; m'étant endormie, je rêvais que j'étais dans les Barbades, que j'y trouvais le marché rempli de toutes sortes de vivres, que j'en achetais copieusement, et que je dînais avec ma maîtresse, d'un très-grand appétit. A la fin de ce rêve, je crus mon estomac aussi rempli que si j'avais dîné réellement; mais quand je fus réveillée, je me trouvai dans une extrême inanition, et comme sur le point de rendre l'âme. Je pris alors notre dernier verre de vin, j'y mis du sucre, parce qu'il y a quelque chose de nourrissant; mais n'ayant rien dans mon estomac sur quoi le vin pût opérer, tout l'effet que j'en tirais consistait dans quelques désagréables fumées qu'il m'envoyait au cerveau; et l'on m'a dit qu'après avoir vidé ce verre, j'avais été pendant long-tems comme une personne qui ne sent rien par un excès d'ivresse.

» Le troisième jour, après avoir passé toute la nuit dans des songes sans liaison, en sommeillant plutôt qu'en dormant, je m'éveillai en sentant une faim enragée, et je ne sais pas, si j'avais été mère et que j'eusse eu un de mes enfans avec moi, si j'aurais eu assez de force d'esprit pour n'y pas mettre les dents.

» Cette rage dura environ trois heures, pendant lesquelles j'étais aussi furieuse, à ce que m'a dit ensuite mon jeune maître, que ceux qui le sont le plus dans l'hôpital des fous.

» Dans un accès de frénésie, soit par un mouvement extraordinaire du vaisseau, ou que le pied me glissât, je tombai à terre, et je me heurtai le visage contre le lit de ma maîtresse, ce qui me fit sortir le sang abondamment du nez. A mesure que le sang coulait, ma rage diminuait, aussi bien que la faim qui en était la cause.

» Mes maux de cœur et mes nausées revinrent ensuite, mais il me fut impossible de rien rendre, puisque je n'avais rien du tout dans l'estomac. Affaiblie par la perte du sang, je m'évanouis, et l'on me crut morte ; mais je revins bientôt à moi, souffrant des douleurs d'estomac dont il m'est impossible de vous donner une idée. A l'approche de la nuit, je ne sentis qu'une faim terrible, avec des désirs de manger, que je m'imagine avoir été semblables aux envies d'une femme grosse.

» Je pris encore un verre d'eau avec du sucre ; mais mon estomac, incapable de retenir cette douceur, rendit le tout dans le moment même ; ce qui me fit prendre de l'eau pure, qui me resta dans le corps. Là-dessus je me mis au lit, en priant Dieu de toute mon âme qu'il lui plût de me délivrer d'une vie si malheureuse ; et me tranquillisant par l'espérance d'être bientôt exaucée, je parvins à sommeiller pendant quelque tems. M'étant réveillée, je me crus mourante, ayant la tête toute accablée par les vapeurs qui s'élevaient de mon estomac vide. Je recommandai alors mon âme à Dieu, en souhaitant fort que quelqu'un abrégeât mes souffrances et me jetât dans la mer.

» Pendant tout ce tems, ma maîtresse était cou-chée auprès de moi comme une personne expirante ; mais elle soutint sa misère avec plus de courage et de patience que moi, et dans cet état elle donna sa dernière bouchée de pain à son fils, qui ne voulut la prendre qu'après des ordres redoublés de sa mère, et je suis persuadée que ce peu de nourriture lui a sauvé la vie.

» Vers le matin je me rendormis, et mon som-meil étant dissipé de nouveau, je sentis une envie extraordinaire de pleurer, qui fut suivie par un au-tre violent accès de faim. Je me levai toute furieuse, et dans le plus déplorable état qu'on puisse s'imagi-ner. Si j'avais trouvé ma maîtresse morte, je crois fort que j'aurais mangé un morceau de sa chair avec autant d'appétit que la viande de quelque animal destiné à nous servir de nourriture. Deux ou trois fois je voulus arracher un morceau de mon bras ; mais voyant le bassin dans lequel j'avais saigné le jour auparavant, je me jetai dessus, et j'avalai le sang avec précipitation, comme si j'avais craint qu'on ne me l'arrachât des mains.

» Cependant, dès que je l'eus dans l'estomac, la seule pensée m'en remplit d'horreur, et elle bannit ma faim pour quelques momens. Je pris alors un autre verre d'eau, qui me rafraîchit et me tranquil-lisa pendant quelques heures. C'était là le quatrième jour, et je restai dans cet état jusqu'à la nuit ; alors, dans l'espace de quatre heures je fus sujette successivement à tous les différens accès que la faim m'avait déjà causés ; j'étais tantôt faible, tantôt accablée d'envie de dormir, tantôt tourmen-tée de violens maux d'estomac, tantôt pleurant, tan-tôt enragée, et mes forces diminuèrent cependant d'une manière extraordinaire. Je me couchai de nou-veau, n'ayant d'autre espérance que de mourir avant la fin de la nuit.

» Je ne fermai pas l'œil pendant toute cette nuit, et ma faim était changée en une maladie continuelle : c'était une affreuse colique causée par les vents qui s'étaient fait un passage dans mes boyaux vides, et qui me donnaient des tranchées insupportables. Je demeurai dans ce triste état jusqu'au lendemain matin, que je fus surprise et troublée par les cris et les lamentations de mon jeune maître, qui m'apprit que sa mère était morte. N'ayant pas la force de sortir du lit, je levai un peu la tête, et je m'aperçus que madame respirait encore, quoique elle donnât fort peu de signes de vie.

» J'avais alors des convulsions d'estomac épouvantables, avec un appétit furieux et des douleurs que celles de la mort peuvent égaler. Dans cette affreuse situation, j'entendis les matelots crier de toutes leurs forces : *une voile, une voile.* Ils sautaient et couraient partout le vaisseau comme des gens qui auraient perdu l'esprit.

» J'étais incapable de me lever du lit ; ma pauvre maîtresse l'était encore plus, et mon jeune maître était si malade, que je m'attendais à le voir expirer dans le moment. Ainsi, il nous fut impossible d'ouvrir la porte de notre chambre et de nous informer au juste de ce que voulait dire ce vacarme. Il y avait deux jours que nous n'avions parlé à qui que ce fût de l'équipage. La dernière fois qu'on était venu voir, on nous avait dit qu'il n'y avait plus un morceau de pain dans tout le vaisseau, et les matelots nous ont avoué dans la suite qu'ils nous avaient cru tous mort.

» Nous étions dans cet état affreux quand vous nous envoyâtes des gens pour nous sauver la vie, et vous savez mieux que moi quelle était notre situation quand vous vîntes nous voir. »

C'étaient là à peu près les propres paroles de

cette femme, et il me semble qu'il n'est pas possible
de donner une description plus exacte de toutes les
circonstances où se trouve une personne prête à
mourir de faim. J'en suis d'autant plus persuadé,
que le jeune homme me rapporta à peu près les
mêmes particularités de l'état où il s'était trouvé. Il
est vrai que son récit était moins détaillé et moins
touchant; aussi y a-t-il de l'apparence qu'il avait
moins souffert, puisque sa bonne mère avait pro-
longé sa vie aux dépens de la sienne, et que tout ce
que la servante avait eu de plus que sa dame pour
soutenir une misère si affreuse, avait été la force de
son âge et de sa constitution.

De la manière que ce fait me fut rapporté, il est
certain que si ces pauvres gens n'avaient pas rencontré notre vaisseau ou quelque autre, ils auraient
tous péri en peu de jours, à moins que de s'être
mangés les uns les autres. Ce triste expédient
même n'aurait pas servi de grand'chose, puisqu'ils
étaient éloignés de terre de plus de cinq cents lieues.
Il est tems de finir cette digression, et d'en revenir
à la manière dont je réglais toutes les affaires dans
mon île.

Il faut observer ici que, pour plusieurs raisons,
je ne jugeai point à propos de parler à mes gens de
la chaloupe que j'avais eu soin d'embarquer par pièces
détachées, dans l'intention de les faire joindre ensemble dans l'île.

J'en fus détourné d'abord en y arrivant, par les
semences de discorde qui étaient répandues parmi
les différentes colonies, persuadé qu'au moindre
mécontentement on se servirait de la chaloupe pour
se séparer les uns des autres; peut-être aussi en au-
raient-ils fait usage pour pirater, et de cette manière,
mon île serait devenue un repaire de brigands, au
lieu que j'en voulais faire une colonie de gens mo-
dérés et pieux. Je ne voulus pas leur laisser non plus

les deux pièces de canon de bronze, ni les deux petites pièces de tillac, dont mon neveu avait chargé le
vaisseau, outre le nombre ordinaire. Je les crus,
sans cela, assez forts et assez bien armés pour soutenir une guerre défensive, et mon but n'était nullement de les mettre en état d'entreprendre des
conquêtes, ce qui ne pouvait que les précipiter à la
fin dans les derniers malheurs. Pour toutes ces raisons, je laissai dans le vaisseau, et la chaloupe et
l'artillerie, dans le dessein de les leur rendre utiles
d'une autre manière.

Voilà tout ce que j'avais à dire de mes colonies,
que je quittai dans un état florissant, et je revins à
bord le.... de....., après avoir été vingt-cinq jours
dans l'île, et promis à mes gens, qui avaient pris la
résolution d'y rester jusqu'à ce que je les en tirasse,
de leur envoyer du Brésil de nouveaux secours, si
j'en trouvais quelque occasion. Je m'étais engagé
surtout à leur faire avoir quelque bétail, vaches,
moutons, cochons, etc.; car pour les deux vaches
et le veau que j'avais fait embarquer en Angleterre,
la longueur de notre voyage nous avait obligés de
les tuer au milieu de la mer, n'ayant plus de quoi les
nourrir.

Le jour suivant nous fîmes voile, après avoir salué
les colonies de cinq coups de canon, et nous vînmes
dans la baie de Tous-les-Saints, dans le Brésil, en
vingt-deux jours de tems, sans rencontrer rien qui
soit digne de remarque, excepté une seule particularité.

Le troisième jour après avoir mis à la voile, la mer
étant calme, et le courant allant avec force vers
l'est-nord-est, nous fûmes quelque peu entraînés
hors de notre cours, et nos gens crièrent jusqu'à
trois fois: « Terre du côté de l'est, » sans qu'il nous
fût possible de savoir si c'était le continent ou des

nes. Vers le soir, nous vîmes la mer, du côté de la terre, toute couverte de quelque chose de noir, que nous ne pûmes pas distinguer ; mais notre contre-maître étant monté dans le grand mât, avec une lunette d'approche, se mit à crier que c'était toute une armée. Je ne savais pas ce qu'il voulait dire avec son armée, et je le traitai d'extravagant. « Ne vous fâchez pas, monsieur, dit-il ; c'est une armée navale, je vous en réponds. Il y a plus de mille canots, et je les vois distinctement venir tout droit à nous. »

Je fus un peu surpris de cette nouvelle, aussi bien que mon neveu le capitaine, qui avait entendu raconter dans l'île de si terribles choses de ces sauvages, et qui n'ayant jamais été dans ces mers, ne savait qu'en penser. Il s'écria deux ou trois fois que nous devions nous attendre à être dévorés. J'avoue que, voyant la mer calme, et le courant qui nous portait vers le rivage, je n'étais pas sans frayeur. Je l'encourageai pourtant, en lui conseillant de laisser tomber l'ancre aussitôt qu'il verrait inévitable d'en venir aux mains avec ces barbares.

Le calme continuant, et cette flotte étant fort proche de nous, je commandai qu'on jetât l'ancre, et qu'on ferlât les voiles ; j'assurai en même tems l'équipage qu'on ne devait rien craindre, sinon qu'ils ne missent le feu au vaisseau ; et que pour les en empêcher, il fallait remplir les deux chaloupes d'hommes bien armés, et les attacher de bien près, l'une à la poupe et l'autre à la proue. Cet expédient ayant été approuvé, je fis prendre à ceux des chaloupes un bon nombre de seaux pour éteindre le feu que les barbares pourraient s'efforcer de mettre au dehors du navire.

Nous attendîmes les ennemis dans cette posture, et bientôt nous les vîmes de près. Je ne crois pas que jamais un plus terrible spectacle se soit offert aux yeux d'un chrétien. Il est vrai que le contre-maître s'était fort trompé dans son calcul. Au lieu de mille canots, il n'y en avait à peu près que cent vingt-six ; mais ils étaient tellement chargés, que quelques-uns contenaient jusqu'à dix-sept personnes, et que les plus petits étaient montés de sept hommes tout au moins.

Ils s'avançaient hardiment, et paraissaient avoir le dessein d'environner le vaisseau de tous côtés ; mais nous ordonnâmes à nos chaloupes de ne pas permettre qu'ils approchassent trop.

Cet ordre même nous engagea, contre notre intention, dans un combat avec ces sauvages. Cinq ou six de leurs plus grands canots approchèrent tellement de la plus grande de nos chaloupes, que nos gens leur firent signe de la main de se retirer. Ils le comprirent fort bien, et ils le firent ; mais tout en se retirant, ils lancèrent une cinquantaine de javelots contre nous, et blessèrent dangereusement un de nos hommes.

Je criai pourtant à ceux des chaloupes de ne point faire feu, et je leur fis jeter un bon nombre de planches pour se couvrir contre les flèches des sauvages, en cas qu'ils vinssent à en tirer de nouveau.

Environ une demi-heure après, ils avancèrent sur nous en corps, du côté de la poupe, sans que nous pussions d'abord deviner leur dessein. Ils approchèrent assez pour que je visse sans peine que c'étaient de mes vieux amis, je veux dire de ces sauvages avec lesquels j'avais été souvent aux mains.

Un moment après, ils s'éloignèrent de nouveau, jusqu'à ce qu'ils fussent tous ensemble directement opposés à un des côtés de notre

navire, et alors ils firent force de rames pour
venir à nous. Ils approchèrent si fort effectivement, qu'ils pouvaient nous entendre parler; et
là-dessus je commandai à tout l'équipage de se
tenir en repos, jusqu'à ce qu'ils tirassent leurs
flèches une seconde fois, mais qu'on tînt le canon
tout prêt.

En même tems j'ordonnai à *Vendredi* de se mettre
sur le tillac, pour les arraisonner, et pour demander quel était leur dessein. Je ne sais pas s'ils l'en-
tendirent; mais je sais bien que cinq ou six de ceux
qui étaient dans les canots les plus avancés, nous
montrèrent leur derrière tout nu, comme s'ils nous
voulaient prier gracieusement de le leur baiser.
Si c'était seulement une marque de mépris, ou si
par là ils nous défiaient et donnaient le signal
aux autres, c'est ce que j'ignore : mais immédiatement après, *Vendredi* s'écria qu'ils allaient tirer ;
et malheureusement pour le pauvre garçon, ils
firent voler dans le vaisseau plus de trois cents
flèches, dont personne ne fut blessé que mon fidèle
valet lui-même, qui à mes yeux, eut le corps percé
de trois flèches, ayant été le seul qui fût exposé à
leur vue.

La douleur que me causait la perte de ce vieux
compagnon de tous mes travaux, me porta à un violent désir de vengeance. J'ordonnai d'abord qu'on
chargeât cinq canons à cartouches et quatre à boulets;
et nous leur donnâmes une telle bordée, que le souvenir leur en est resté certainement pendant toute
leur vie.

Ils n'étaient éloignés de nous que de la moitié de la
longueur d'un câble, et nos canonniers visèrent si
juste, que quatre de leurs canots furent renversés selon toutes les apparences, d'un seul et même coup
de canon.

Ce n'était pas le sot compliment qu'ils nous avaient fait, qui avait excité ma colère et mon ressentiment, nous n'en comprenions pas le sens ; et tout ce que j'avais résolu de faire, pour les punir de leur impolitesse, c'était de les effrayer, en tirant quatre ou cinq canons chargés seulement de poudre. Mais voyant la décharge furieuse qu'ils nous faisaient sans raison, et la mort du pauvre *Vendredi*, qui méritait si bien toute mon estime et toute ma tendresse, je crus être en droit, devant Dieu et devant les hommes, de repousser la force par la force, et j'aurais été charmé même d'abîmer tous leurs canots.

Quoi qu'il en soit, notre bordée fit une exécution terrible : je ne saurais dire précisément combien nous en tuâmes ; mais il est certain que jamais il n'y eut, dans une multitude de gens, une pareille frayeur et une consternation semblable. Il y avait treize ou quatorze de leurs canots, tant brisés que renversés et coulés à fond, et ceux qui les avaient montés étaient tués en partie, et en partie ils tâchaient de se sauver à la nage.

Les autres étaient hors de sens à force d'être effrayés, et ne songeaient qu'à s'éloigner, sans se mettre en peine de leurs camarades, dont les canots avaient été coulés à fond, ou ruinés par notre canon. Leur perte, par conséquent, doit avoir été considérable. Nous n'en prîmes qu'un seul, qui nageait encore dans la mer, une heure après le combat.

Leur fuite fut si précipitée, que dans trois heures ils furent absolument hors de la portée de nos yeux, excepté trois ou quatre canots qui faisaient eau, selon toute apparence, et qui ne pouvaient pas suivre le gros avec la même rapidité.

Notre prisonnier était tellement étourdi de son malheur, qu'il ne voulait ni parler ni manger, et nous crûmes tous qu'il se voulait laisser mourir de faim. Je trouvai pourtant un moyen de lui faire revenir la parole, en faisant semblant de le faire rejeter dans la mer, et de le remettre dans l'état où on l'avait trouvé, s'il voulait s'obstiner à garder le silence. On fit plus, on le jeta effectivement dans la mer, et l'on s'éloigna de lui. Il suivit la chaloupe en nageant, et y étant rentré à la fin, il devint plus traitable, et commença à parler, mais dans un langage dont personne de nous ne pouvait pas entendre un seul mot.

Un vent frais s'étant levé, nous remîmes à la voile, tout le monde étant charmé de s'être tiré de cette affaire, hormis moi, qui était au désespoir de la perte de *Vendredi*, et qui aurait souhaité de retourner à l'île pour en tirer quelque autre propre à me servir; mais c'était une chose impossible, et il fallait suivre notre route. Notre prisonnier, cependant, commençait à comprendre quelques mots anglais, et à s'apprivoiser avec nous. Nous lui demandâmes alors de quel pays il était venu avec ses compagnons; mais il nous fut impossible d'entendre un mot de sa réponse : il parlait du gosier d'une manière si creuse et si étrange, qu'il ne paraissait pas seulement former des sons articulés, et nous crûmes tous qu'on pouvait parfaitement bien parler cette langue-là avec un bâillon dans la bouche. Nous ne pûmes pas remarquer qu'il se servît des dents, des lèvres, de la langue ni du palais : ses paroles ressemblaient aux différens tons qui sortent d'un cor-de-chasse. Il ne laissa pas, à quelques tems de là, d'apprendre un peu d'anglais, et alors il nous fit entendre que la flotte qui nous avait attaqués, avait été destinée par leurs rois pour donner une grande bataille. Nous lui demandâmes combien de rois ils avaient donc? Il dit qu'ils étaient cinq nations, et qu'ils avaient cinq rois, et que leur dessein avait été d'aller combattre deux nations ennemies. Nous lui demandâmes encore par quelle raison ils s'étaient approchés de nous ? Et nous sûmes de lui que leur intention n'avait été d'abord que de contempler une chose aussi merveilleuse que notre vaisseau le leur avait paru. Tout cela fut exprimé dans un langage plus mauvais encore que ne l'avait été celui de *Vendredi*, quand il commença à s'énoncer en anglais.

Il faut que je dise encore un mot ici du pauvre garçon, du fidèle *Vendredi*. Nous lui rendîmes les derniers honneurs avec toute la solennité possible : nous le mîmes dans un cercueil, et après l'avoir jeté en mer, nous prîmes congé de lui par onze coups de canon. C'est ainsi que finit la vie du meilleur et du plus estimable de tous les domestiques.

Continuant notre voyage avec un bon vent, nous découvrîmes la terre, le douzième jour après cette aventure, au cinquième degré de latitude méridionale : c'était la partie de toute l'Amérique qui s'avance le plus vers le nord-est. Nous fîmes cours vers le sud-quart à l'est, en ne perdant point le rivage de vue pendant quatre jours, à la fin desquels nous doublâmes le cap Saint-Augustin, et trois jours après nous laissâmes tomber l'ancre dans la baie de Tous-les-Saints, l'endroit d'où était venue toute ma bonne et ma mauvaise fortune.

Jamais vaisseau n'y était venu qui y eût moins d'affaires, et cependant nous n'obtînmes qu'avec beaucoup de peine d'avoir la moindre correspondance avec les habitans du pays. Ni mon associé, qui faisait dans ce pays une très-belle figure, ni mes deux facteurs, ni le bruit de la manière miraculeuse dont j'avais été tiré de mon désert, ne me purent obtenir cette faveur. Mon associé, à la fin, se souvenant que j'avais donné autrefois cinq cents *moidores* au prieur du monastère des Augustins, et deux cents au pauvres, obligea ce religieux d'aller parler au gouverneur, et de lui demander la permission d'aller à terre, pour moi, le capitaine, et huit autres hommes. On nous l'accorda, mais à condition que nous ne débarquerions aucune denrée, et que nous n'emmènerions personne de là sans une permission expresse.

Ils nous firent observer ces conditions avec tant de sévérité, que j'eus toutes les peines du monde à faire venir à terre trois balles de draps fins, d'étoffes et de toiles, que j'avais apportées exprès pour en faire présent à mon associé.

C'était un homme très-généreux, et qui avait de fort beaux sentimens, quoique tout comme moi, il eût d'abord peu de chose. Sans savoir que j'eusse le moindre dessein de lui faire un présent, il m'envoya à bord, du vin et des confitures pour plus de trente *moidores*, et il y ajouta du tabac et quelques belles médailles d'or. Mon présent n'était pas de moindre valeur que le sien, et lui devait être très-agréable : j'y joignis la valeur de cent livres sterling, en mêmes marchandises, mais dans une autre vue, et je le priai de faire dresser ma chaloupe, afin de l'employer pour envoyer à ma colonie ce que je lui avais promis.

L'affaire fut faite en fort peu de jours, et quand ma barque fut toute équipée, je donnai au pilote de telles instructions pour trouver mon île, qu'il était absolument impossible qu'il la manquât ; aussi la trouva-t-il, comme j'ai appris dans la suite, par les lettres de mon associé.

En moins de rien, elle fut chargée de la cargaison que je destinais à mes gens, et un de nos matelots, qui avait été à terre avec moi dans l'île, s'offrit d'aller avec la chaloupe et de s'établir dans ma colonie, pourvu que j'ordonnasse, par une lettre, au gouverneur espagnol, de lui donner des habits, du terrain, et des outils nécessaires pour commencer une plantation, ce qu'il entendait fort bien, ayant été planteur autrefois à Mariland (1).

Je l'encourageai dans ce dessein, en lui accordant tout ce qu'il me demandait, et en lui faisant présent de l'esclave que nous avions pris dans la dernière rencontre; et je donnai ordre au gouverneur espagnol de lui donner une portion de tout ce qui lui était nécessaire, égale à celle qui avait été distribuée aux autres.

Quand la chaloupe fut prête à mettre en mer, mon associé me dit qu'il y avait là un planteur de sa connaissance, fort brave homme, mais qui avait eu le malheur de s'attirer la disgrâce de l'église. « Je ne sais pas trop bien la raison, me dit-il, mais je le crois hérétique dans le fond du cœur. Il a été obligé de se cacher, pour ne pas tomber entre les mains de l'inquisition. Il serait charmé de trouver cette occasion d'échapper avec sa femme et avec ses deux filles; et si vous voulez lui donner le moyen de se faire une plantation dans votre île, je lui donnerai quelque argent pour la commencer; car les officiers de l'inquisition ont saisi tous ses effets, et il ne lui reste rien, que quelques meubles et deux esclaves. Quoique je haïsse ses principes, ajouta-t-il, je serais fâché qu'il tombât entre leurs mains; car il est certain qu'il serait brûlé vif. »

---

(1) *Province de l'Amérique septentrionale.*

J'y consentis dans le moment, et nous cachâmes ce pauvre homme avec toute sa famille dans notre vaisseau, jusqu'à ce que la chaloupe fût prête à partir, et alors nous y mîmes toutes ses hardes, et nous l'y menâmes lui-même, dès qu'elle fut sortie de la baie.

Le matelot qui avait pris le même parti, fut charmé de se voir un pareil compagnon. Ils étaient à peu près également riches, ils avaient les principaux outils nécessaires pour commencer une plantation, et voilà tout. Néanmoins ils avaient avec eux quelques plantes de cannes de sucre, avec les matériaux pour en tirer de l'utilité, et l'on m'assurait que le planteur portugais, prétendu hérétique, entendait parfaitement tout ce qui concerne cette sorte de plantation.

Ce que j'envoyais de plus considérable à mes sujets, consistait en trois vaches à lait, cinq veaux, vingt-deux porcs, trois truies pleines, deux cavales et un cheval entier.

Outre cela, pour faire plaisir à mes Espagnols, je leur envoyais trois femmes portugaises, en les priant de leur donner des époux, et de les traiter avec douceur. J'aurais pu leur en faire avoir un plus grand nombre, mais je savais que mon Portugais persécuté avait avec lui deux filles en état de se marier, puisque les autres avaient des femmes dans leur patrie.

Toute cette cargaison arriva en bon état dans l'île, et l'on croira sans peine qu'elle y fut reçue avec plaisir par mes sujets, qui, avec cette addition, se trouvaient alors au nombre de soixante ou soixante-dix, sans les petits enfans, qui étaient en grande quantité, comme j'appris ensuite au retour de mes voyages, par des lettres que je reçus à Londres par la voie du Portugal.

2.

Il ne me reste pas un mot à dire à présent de mon île, et quiconque lira le reste de mes Mémoires, fera fort bien de n'y songer plus, et de s'attacher entièrement aux folies d'un vieillard qui ne devient pas plus sage, ni par ses propres malheurs, ni par les malheurs même d'autrui; d'un vieux imbécile, dont les passions ne sont pas amorties par quarante ans de misères et de disgrâces, ni satisfaites par une prospérité qui surpasse ses espérances mêmes.

Je n'étais non plus obligé d'aller aux Indes, qu'un homme qui est en liberté, et qui n'est pas coupable d'un crime, n'est obligé d'aller au geôlier de *Newgate* (1), pour le prier de l'enfermer parmi les autres prisonniers, et de le laisser mourir de faim.

Puisque j'avais une si grande tendresse pour mon île, j'aurais pu prendre un petit vaisseau pour m'y en aller directement; j'aurais pu encore le charger de tout ce que j'avais embarqué dans le vaisseau de mon neveu le capitaine, et j'aurais pu prendre avec moi une patente du gouvernement, pour m'assurer la propriété de mon île, en la soumettant au *haut domaine* de la Grande-Bretagne. J'aurais pu y transporter du canon, des munitions, des esclaves, des planteurs; j'aurais pu y faire une citadelle au nom de l'Angleterre, et y établir une colonie stable et florissante. Ensuite, pour agir par principe et en homme sage, je devais m'y fixer moi-même, et renvoyer mon petit navire bien chargé de bon riz, comme il m'était aisé de le faire en six mois de tems, et prier mes correspondans de le charger de

_____

(1) *Prison de Londres.*

nouveau de tout ce qui pourrait être utile et agréable
à mes sujets. Malheureusement je n'avais pas des
vues si raisonnables, je n'étais pas touché des avantages considérables que j'aurais pu trouver dans un
pareil établissement ; j'étais possédé seulement par
un *démon aventurier*, qui me forçait à courir le
monde, simplement pour courir. Il est vrai que
je me plaisais fort à être le bienfaiteur de mes sujets,
à leur faire du bien par ma propre autorité,
sans dépendre d'aucun souverain ; enfin, à re-
présenter ces anciens patriarches, qui étaient les
rois de leurs familles. Je n'avais pas des desseins
plus étendus ; je ne songeais pas même à donner un
nom à l'île ; mais je l'abandonnai comme je l'avais
trouvée, n'appartenant proprement à personne, et
sans établir aucune forme de gouvernement parmi
mes gens. Quoique en qualité de père et de bienfaiteur, j'eusse quelque influence sur leur conduite, je
n'avais pourtant sur eux qu'une *autorité précaire*,
et ils n'étaient obligés de m'obéir que par les règles
de la bienséance. Passe encore si j'étais resté avec
eux, les affaires auraient pu prendre un bon train ;
mais comme je les plantais là pour reverdir (1),
sans jamais remettre le pied dans l'île, tout devait tomber nécessairement dans le désordre. C'est
ce qui arriva précisément, à ce que j'appris dans
la suite, par une lettre de mon associé, qui y
avait envoyé de nouveau une chaloupe. Je ne reçus
cette lettre que cinq ans après qu'elle avait été
écrite, et je vis que les affaires de ma colonie
ne faisaient que des progrès très-chétifs ; que mes
gens étaient fort las de rester dans cet endroit ;

_____

(1) *Expression proverbiale qui signifie abandonner quelqu'un.*

qu'Atkins était mort ; que cinq Epagnols s'en étaient
allés ; que, quoique ils n'eussent pas reçu de grandes
insultes de la part des sauvages, ils ne laissaient pas
d'avoir eu quelques petits combats avec eux : enfin,
qu'ils l'avaient conjuré de m'écrire que je me sou-
vinsse de ma promesse de les tirer de là, et de leur
procurer le plaisir d'aller mourir dans leur patrie.

Mes courses et mes nouvelles disgrâces ne me laissèrent pas le loisir de me souvenir de cet engage-
ment, ni de toute autre chose qui concernât l'île ;
et ceux qui veulent savoir le reste de mes aventures,
n'ont qu'à me suivre dans une nouvelle carrière de
folies et de malheurs : ils pourront du moins apprendre par là, que bien souvent le ciel nous punit
en exauçant nos désirs, et qu'il nous fait trouver les
plus grandes afflictions en satisfaisant nos vœux les
plus ardens.

Que par conséquent aucun homme sage ne se
flatte de la force de sa raison, quand il s'agit
de choisir un genre de vie. L'homme est un animal qui a la vue bien courte : les passions ne
sont pas ses meilleurs amis, et ses penchans les
plus vifs sont d'ordinaire ses plus mauvais con-
seillers.

Je dis tout ceci en réfléchissant sur le désir im-
pétueux que je m'étais senti, dès ma plus tendre
jeunesse, de courir tout le monde, et sur les malheurs
où m'a précipité ce penchant si naturel qui paraissait être né avec moi. Il m'est aisé de vous rapporter
d'une manière historique, et de vous faire comprendre
les effets de ce penchant avec les circonstances qui
l'ont, pour ainsi dire, animé et fait agir : mais les
vues secrètes de la Providence, en permettant de
suivre aveuglément des penchans si bizarres, ne
sauraient être comprises que par ceux qui ont
pris l'habitude de considérer avec attention les voies

de cette Providence, et de tirer des conséquences pieuses de la justice de Dieu et de nos propres égaremens.

Mais je me suis assez étendu sur le ridicule de ma conduite, il est tems d'en revenir à mon histoire. Je m'étais embarqué pour les Indes, et j'y fus. Il faut pourtant que j'avertisse ici, qu'avant de continuer ma course, je fus obligé de me séparer de mon jeune ecclésiastique, qui m'avait donné une si forte preuve de sa piété. Trouvant là un navire prêt à faire voile pour Lisbonne, il me demanda permission de s'y embarquer : c'est ainsi qu'il paraissait prédestiné à n'achever jamais ses voyages. J'y consentis et j'aurais fait sagement de prendre le même parti.

Mais j'en avais pris un autre et le ciel fait tout pour le mieux. Si j'avais suivi ce prêtre, je n'aurais pas eu un si grand nombre de sujets d'être reconnaissant envers Dieu, et l'on n'aurait jamais entendu parler de la seconde partie des *Voyages et Aventures de* ROBINSON CRUSOÉ.

Du Brésil, nous allâmes tout droit, par la mer Atlantique, au Cap de Bonne-Espérance : notre voyage, jusque là, fut passablement heureux, quoique de tems en tems nous eussions les vents contraires et quelques tempêtes : mais mes grands malheurs sur mer étaient finis ; mes disgrâces futures devaient m'arriver par terre, afin qu'il parût qu'elle peut nous servir de châtiment aussi bien que la mer ; quand il plaît ainsi au ciel, qui dirige à ses fins les circonstances de toutes les choses.

Comme notre vaisseau était uniquement destiné au commerce, nous avions à bord un *inspecteur*, ou *super-cargo*, qui en devait régler tous les mouvemens, après que nous serions arrivés au Cap de Bonne-Espérance. Tout avait été confié à ses soins et à sa prudence, et il n'était limité que dans le nombre de jours qu'il fallait rester dans chaque port. Ainsi je n'avais que faire de m'en mêler : ce *super-cargo* et mon neveu le capitaine délibéraient entre eux sur les différens partis qu'il y avait à prendre.

Nous ne nous arrêtâmes pas plus long-tems au Cap qu'il le fallait pour prendre de l'eau fraîche et les autres choses qui nous étaient nécessaires, et nous nous hatâmes, autant qu'il fut possible, pour arriver à la côte de Coromandel, parce que nous étions informés qu'un vaisseau de guerre français de cinquante pièces, avec deux grands vaisseaux marchands, avaient pris la route des Indes. Je savais que nous étions en guerre avec les Français, et par conséquent je n'étais pas sans appréhension : heureusement ils allèrent leur chemin, sans que nous en ayions entendu parler dans la suite.

Je n'embarrasserai pas ma narration de la description des lieux, du journal du voyage, des variations de la boussole, des latitudes, des moussons (1), de la situation des ports, et d'autres particularités qui rendent si ennuyeuses les relations des voyages de long cours, et qui sont si inutiles à ceux qui n'ont pas dessein de faire les mêmes courses.

Il suffira de nommer le pays et les ports où nous nous sommes arrêtés, et de dire ce qui nous est arrivé de remarquable. Nous touchâmes d'abord à l'île de Madagascar (2); le peuple y était fé-

_____

(1) *Vents réglés dans la mer des Indes.*
(2) *Grande île sur les côtes orientales d'Afrique.*

roce et traître, très-bien armé d'arcs et de lances, dont il se sert avec beaucoup de dextérité. Cependant nous y fûmes fort bien ; pendant quelque tems, les habitans nous traitèrent avec civilité, et pour des babioles que nous leur donnâmes, comme des couteaux, des ciseaux, etc. Ils nous apportèrent onze jeunes bœufs, assez petits, mais gras et bons : nous en destinâmes une partie pour notre nourriture, pendant le tems que nous devions nous arrêter là, et nous fîmes saler le reste pour la provision du vaisseau.

Nous fûmes obligés de demeurer là quelque tems, après nous être fournis de vivres ; et moi, qui était curieux de voir de mes propres yeux ce qui se passait dans tous les coins de l'univers où la Providence me menait, je vins à terre aussitôt qu'il me fut possible. Un soir nous débarquâmes dans la partie orientale de l'île, et les habitans, qui y sont en grand nombre, se pressèrent autour de nous, et d'une certaine distance ils nous considérèrent avec attention. Toutefois, étant traités d'eux jusque-là fort honnêtement, nous ne nous crûmes pas en danger : nous coupâmes seulement trois branches d'arbres, que nous plantâmes en terre à quelques pas de nous ; ce qui non-seulement dans ce pays là est une marque de paix et d'amitié, mais qui porte encore les insulaires à faire la même chose de leur côté, pour indiquer qu'ils acceptent la paix. Dès que cette cérémonie est faite, il ne leur est pas permis de passer vos branches, et vous ne sauriez passer les leurs sans leur déclarer la guerre. De cette manière, chacun est en sûreté derrière ses limites, et la place qui est entre deux sert de marché, et de côté et d'autre on y trafique librement. En y allant, il n'est pas permis de porter des armes, et les gens du pays même, avant que d'avancer jusque là, fichent leurs lances en terre; mais si on rompt la convention, en leur faisant quelque violence, ils sautent d'abord sur leurs armes, et tâchent de repousser la force par la force.

Il arriva, un soir que nous étions venus à terre, que les insulaires s'assemblèrent en plus grand nombre que de coutume, mais tout se passa avec la civilité ordinaire. Ils nous apportèrent plusieurs provisions qu'ils troquèrent contre quelques bagatelles, et leurs femmes mêmes nous fournirent du lait et quelques racines, que nous reçûmes avec plaisir; en un mot tout était paisible, et nous résolûmes même de passer la nuit à terre dans une hutte que nous nous étions faite de quelques rameaux.

Je ne sais par quel pressentiment je n'étais pas si content que les autres de rester toute la nuit à terre; et sachant que notre chaloupe était à l'ancre à un jet de pierre du rivage, avec deux hommes pour la garder, j'en fis venir un à terre pour couper quelques branches pour nous en couvrir dans la chaloupe; et ayant étendu la voile, je me couchai dessus à l'abri de cette verdure.

Environ à deux heures après minuit, nous endîmes des cris terribles d'un des mariniers, qui nous priait au nom de Dieu de faire approcher la chaloupe, si nous ne voulions pas que tous nos gens fussent massacrés; en même tems j'entendis cinq coups de fusil, qui furent répétés deux fois immédiatement après; je dis cinq coups, car c'était là le nombre de toutes les armes à feu qu'ils avaient. On voit assez, par la nécessité où ils furent de tirer si souvent, que ces barbares ne sont pas si effrayés de ce bruit que ceux avec qui j'avais eu affaire dans mon île.

M'étant réveillé en sursaut par tout ce tumulte, je fis avancer la chaloupe, et voyant trois fusils devant moi, je pris la résolution d'aller à terre avec mes deux matelots, et d'assister nos gens attaqués.

Nous fûmes près du rivage en moins de rien; mais il nous fut impossible d'exécuter notre dessein; car nos deux matelots, poursuivis par trois ou quatre cents de ces barbares, se jetèrent dans la mer avec précipitation, pour venir à nous. Il n'étaient que neuf en tout, n'ayant que cinq fusils; il est vrai que les autres étaient armés de pistolets et de sabres; mais ces armes leur avaient été d'un fort petit usage.

Nous en sauvâmes sept avec bien de la peine, parmi lesquels il y en avait trois bien blessés. Pendant que nous étions occupés à les faire entrer, nous étions tout aussi exposés qu'eux; car ils nous jetèrent une grêle de dards, et nous fûmes obligés de barricader ce côté de la chaloupe avec nos bancs et quelques planches qui s'y trouvaient par un pur hasard, où, pour mieux dire, par un effet de la Providence divine.

Cependant, si l'affaire était arrivée en plein jour, ces gens visent si juste, qu'ils nous auraient percés de leurs flèches, à moins de nous tenir entièrement à couvert. La lumière de la lune nous les faisait voir peu distinctement, pendant qu'ils faisaient voler une quantité de dards dans notre barque. Cependant, ayant tous rechargé nos fusils, nous fîmes feu dessus, et leurs cris nous firent assez comprendre que nous en avions blessé plusieurs. Cela ne les empêcha pas de rester sur le rivage en ordre de bataille jusqu'au matin, sans doute dans la vue d'avoir meilleur marché de nous dès qu'ils pourraient nous voir.

Pour nous, nous fûmes forcés de rester dans cet
état, sans savoir comment faire pour lever l'ancre
et pour faire voile, ne pouvant pas y réussir sans
nous tenir debout ; ce qui leur aurait donné autant
de facilité pour nous tuer que nous en avons d'a-
battre un oiseau qui est sur une branche.

Tout ce que nous pûmes faire, ce fut de donner
au vaisseau des signaux que nous étions en danger,
et quoiqu'il fût à une lieue de là, mon neveu, en-
tendant nos coups de fusil, et voyant par sa lunette
d'approche que nous faisions feu du côté du rivage,
comprit d'abord toute l'affaire, et levant l'ancre
au plus vîte, il vint aussi près de nous qu'il fut possible. Il nous envoya de là l'autre chaloupe, avec
dix hommes : mais nous leur criâmes de ne pas approcher, en leur apprenant notre situation. Alors
un de nos matelots, prenant le bout d'une corde,
et nageant entre les deux chaloupes, de manière
qu'il était difficile aux sauvages de l'apercevoir, vint
à bord de ceux qui étaient envoyés pour nous tirer
de ce danger. Là dessus nous coupâmes notre petit
câble, et laissant l'ancre, nous fûmes tirés par
l'autre chaloupe jusqu'à ce que nous fussions hors
de la portée des flèches. Pendant tout ce tems nous
nous étions tenus couchés derrière notre barri-
cade.

Dès que nous ne fûmes plus entre le vaisseau
et le rivage, le capitaine donna une bordée terrible aux barbares, ayant fait charger plusieurs
canons à cartouches, et l'exécution en fut affreuse.

Quand nous fûmes revenus à bord, et hors de
danger, nous eûmes tout le loisir nécessaire pour
examiner la cause de tout ce tintamarre, et de cette
rupture subite de la part des sauvages. Notre
super-cargo, qui avait été souvent de ce côté-là,

nous assura qu'il fallait absolument qu'on eût fait quelque chose pour irriter les sauvages, qui, sans cela, ne nous auraient jamais attaqués, après nous avoir reçus comme amis. La mêche fut à la fin découverte, et l'on apprit qu'une vieille femme s'étant avancée au de là de nos branches pour nous vendre du lait, avait avec elle une jeune fille qui nous apportait aussi des herbes et des racines ; un des matelots avait voulu faire quelque violence à la jeune fille, ce qui avait fait faire un terrible bruit à la vieille, qui en était peut-être la mère ou la parente. Le matelot néanmoins n'avait pas voulu lâcher prise ; mais il avait tâché de mener la fille au milieu d'un bocage hors de la vue de la vieille ; celle-là s'était retirée là dessus pour aller instruire de cet affront ses compatriotes, qui, dans l'espace de trois heures, avaient assemblé toute cette armée.

Un de nos gens avait été tué d'un coup de javelot dès le commencement, dans le tems qu'il sortait de la hutte faite de branches. Tous les autres s'étaient tirés d'affaire, excepté celui qui avait été la cause de tout ce malheur, et qui paya bien cher le plaisir qu'il avait goûté avec sa noire maîtresse.

Nous fûmes assez long tems à savoir ce qu'il était devenu ; cependant nous voguâmes deux jours le long du rivage avec notre chaloupe, quoique le vent nous exhortât à partir, et nous fîmes toutes sortes de signaux, pour lui faire connaître que nous l'attendions ; mais toute cette peine fut inutile, nous le crûmes perdu, et s'il avait souffert lui seul de sa sottise, le mal n'aurait pas été considérable.

Je ne pus cependant me satisfaire là dessus, sans hasarder d'aller une seconde fois à terre, pour voir

si je ne pourrais rien découvrir touchant le sort de
ce malheureux. Je résolus de le faire pendant la nuit,
de peur d'essuyer une seconde attaque des noirs.
Mais je fus fort imprudent en me hasardant de mener
avec moi une troupe de mariniers féroces, sans m'en
être fait donner le commandement ; ce qui m'engagea, malgré moi, dans une entreprise aussi malheureuse que criminelle.

Nous choisîmes, le *super-cargo* et moi, vingt des
plus déterminés garçons de l'équipage, et nous débarquâmes dans le même endroit où les Indiens
s'étaient assemblés quand ils nous avaient attaqués
avec tant de fureur. Mon dessein était de voir s'ils
avaient quitté le champ de bataille, et d'en surpren-
dre quelques-uns, s'il était possible, afin de les
échanger contre le matelot en question, si par hasard il vivait encore.

Étant venus à terre sans aucun bruit, à dix heures
du soir, nous partageâmes nos gens en deux pelo-
tons, dont je commandai l'un, et le *bosseman*
l'autre. Nous ne vîmes ni entendîmes personne d'a-
bord, et nous nous avançâmes, en laissant quelque
distance entre nos deux petits corps. Vers l'endroit
où l'action s'était passée, nous ne découvrîmes rien
à cause des ténèbres ; mais quelques momens après,
notre *bosseman* tomba à terre, ayant donné du
pied contre un cadavre. Là dessus il fit alte jusqu'à
ce que je l'eusse joint, et nous résolûmes de nous arrêter là, en attendant le lever de la lune, qui devait
venir sur l'horison en moins d'une heure de tems.
C'est alors que nous découvrîmes distinctement le
carnage que nous avions fait parmi les Indiens : nous
en vîmes trente-deux à terre, parmi lesques il y en
avait deux qui respiraient encore. Les uns avaient
le bras emporté, les autres la jambe, et les autres la
tête, et nous supposâmes qu'on avait emporté ceux

qui avaient été blessés, et qu'on avait espéré de pouvoir guérir.

Après avoir fait cette découverte, j'étais d'avis de retourner à bord; mais le *bosseman* me fit dire qu'il était résolu, avec ses gens, d'aller rendre une visite à la ville où ces chiens d'Indiens demeuraient, et me fit prier de l'y accompagner, ne doutant point que nous n'y pussions faire un butin considérable, et avoir des nouvelles de *Thomas Jefferi:* c'était là le nom du matelot que nous avions perdu.

S'ils m'avaient demandé permission de tenter cette entreprise, je sais bien que je leur aurais ordonné positivement de se rembarquer; mais ils se contentèrent de me faire savoir leur intention, et de me prier d'être de la partie. Quoique je susse combien un tel dessein, où l'on pouvait perdre beaucoup de monde, était préjudiciable à un vaisseau dont l'unique but était d'aller négocier, je n'avais pas l'autorité nécessaire pour détourner le coup: je me contentai de leur refuser de les accompagner, et j'ordonnai à ceux qui me suivaient de rentrer dans la chaloupe. Deux ou trois de ces derniers commencèrent d'abord à murmurer contre cet ordre, à dire qu'ils voulaient aller en dépit de moi, et que je n'avais aucun commandement sur eux. « Allons, » Jean, s'écria l'un, veux-tu y venir? pour moi j'y » vais certainement. » Jean répondit qu'il le voulait bien. Il fut suivi d'un autre, et celui-là d'un autre encore; ensorte qu'ils m'abandonnèrent tous, hormis un seul que je priai instamment de rester. Il n'était demeuré dans la chaloupe qu'un seul *mousse;* ainsi il n'y avait que ce matelot, le *super-cargo* et moi qui retournâmes vers la chaloupe, où nous avertîmes les autres que nous resterions pour la garder et pour en sauver autant qu'il nous serait possible. Je leur répétai encore qu'ils entrepre-

3.

naient le dessein du monde le plus extravagant, et qu'ils pourraient bien avoir la même destinée que *Jeffery*.

Ils me répondirent, en vrais mariniers, qu'ils agiraient prudemment, et qu'ils me garantissaient qu'ils en viendraient à leur honneur. J'avais beau leur mettre devant les yeux les intérêts du vaisseau, et que leur conduite était inexcusable devant Dieu et devant les hommes ; c'était comme si j'avais parlé au grand mât du navire ; ils me donnèrent seulement de bonnes paroles, et m'assurèrent qu'ils seraient de retour dans une heure au plus tard. La ville des Indiens n'était, à ce qu'ils me dirent, qu'à un demi-mille du rivage ; mais ils trouvèrent qu'elle était éloignée de plus de deux grands milles.

C'est ainsi qu'ils s'en allèrent tous, et quoique leur entreprise fût extravagante au suprême degré, il faut avouer pourtant qu'ils s'y prirent avec toute la précaution possible. Ils étaient tous parfaitement bien armés ; car, outre un fusil ou un mousquet, ils avaient chacun un pistolet et une baïonnette : quelques-uns s'étaient munis avec cela de sabres, et le bosseman et deux autres avaient des haches d'armes. D'ailleurs, ils étaient pourvus tous ensemble de treize grenades ; en un mot, jamais gens plus hardis et mieux armés n'entreprirent un dessein plus abominable et plus extravagant.

Quand ils s'en allèrent, ils n'étaient animés que par le désir du butin et par l'espérance de trouver de l'or ; mais une circonstance où ils ne s'attendaient pas, les remplit de l'esprit de vengeance, et les changea tous en autant de diables incarnés. Etant arrivés à un petit nombre de maisons indiennes, qu'ils avaient prises pour la ville même, ils se virent fort éloignés

de leur compte, puisqu'il n'y avait là que treize huttes, et qu'il leur était impossible de savoir la situation et la grandeur de la ville qu'ils avaient dessein
de saccager.

Ils délibérèrent long-tems sans savoir quel parti
prendre. S'ils attaquaient ce hameau, il fallait égor-
ger tous les habitans sans qu'il en échappât un seul,
pour donner l'alarme à la ville, ce qui leur attirerait
toute une armée ; et s'ils laissaient ces gens là en
repos, il était absolument impossible de trouver
le chemin de la ville et d'exécuter leur beau
projet.

Ils choisirent pourtant ce dernier parti, résolus
de chercher la ville le mieux qu'il leur serait possible. Après avoir marché quelques momens, ils
trouvèrent une vache attachée à un arbre, et ils résolurent d'abord de s'en faire un guide. Voici comme
ils raisonnèrent : ou la vache appartient au hameau
ou à la ville. Si elle est déliée, elle cherchera son
étable sans doute ; si elle retourne en arrière, nous
n'avons rien à lui dire, elle nous est inutile absolument ; mais si elle va en avant, nous n'avons qu'à
la suivre, elle nous mènera indubitablement où nous
voulons être. Là dessus ils coupèrent la corde, et
virent avec plaisir la vache marcher devant eux.
Pour abréger, elle les mena tout droit vers la ville,
qu'ils virent composée à peu près de deux cents
cabanes, dont quelques-unes contenaient plusieurs
familles.

Il y trouvèrent un profond silence, et tout le
monde endormi tranquillement, comme dans un
endroit qui n'avait jamais été exposé aux attaques
de quelques ennemis. Ils tinrent alors un nouveau
conseil de guerre, et ils résolurent de se partager
en trois corps ; de mettre le feu à trois maisons,
dans les trois différentes parties du bourg, et de

saisir et garotter les gens à mesure qu'ils sortiraient de leurs maisons embrâsées. Si quelqu'un leur résistait, leur parti était tout pris. Au reste le pillage était leur grand but, et ils étaient bien résolus de s'en acquitter avec toute l'ardeur imaginable. Ils trouvèrent bon cependant de commencer par visiter toute la ville sans faire le moindre bruit, afin d'en examiner l'étendue, et de juger de là si leur dessein était praticable ou non.

Après cette précaution, ils se déterminèrent hardiment à tenter fortune; mais tandis qu'ils s'animaient les uns et les autres, les trois qui s'étaient avancés le plus se mirent à crier tout haut qu'ils avaient trouvé *Thomas Jeffery ;* ce qui fit courir tous les autres de ce côté là. Ils trouvèrent effectivement ce malheureux à qui on avait coupé la gorge. Il était nu et pendu par un bras. Il y avait près de là une maison indienne où se trouvaient plusieurs des principaux de la ville, qui avaient été dans le combat, et dont quelques-uns avaient été blessés. Nos gens virent qu'ils étaient éveillés, puisqu'ils parlaient ensemble; mais il était impossible d'en savoir le nombre.

Le spectacle de leur camarade égorgé donna aux Anglais une telle fureur, qu'ils jurèrent de se venger, et de ne donner quartier à aucun Indien qui tomberait entre leurs mains : dans le moment même ils mirent la main à l'œuvre. Comme les maisons étaient basses et toutes couvertes de chaume, il ne leur fut pas difficile d'y mettre le feu, et en moins d'un quart-d'heure toute la ville brûlait en quatre ou cinq différens endroits. Ils n'oublièrent pas surtout la cabane où se trouvaient les Indiens éveillés dont je viens de faire mention. Dès que le feu commença à y prendre, ces pauvres gens effrayés cherchèrent la porte pour se sauver ; mais ils y rencontrèrent

un danger qui n'était pas moindre, et le *bosseman*
en tua deux de sa propre main avec sa hache d'armes.
La maison étant grande et remplie de gens, il ne
voulut pas y entrer pour en achever le massacre ;
mais il y jeta une grenade, qui les effraya d'abord,
et qui, en crevant ensuite, leur fit pousser les cris
les plus lamentables.

La plupart des Indiens qui se trouvaient dans
cette maison furent tués ou blessés par la grenade, excepté deux ou trois qui voulurent de
nouveau sortir par la porte, où ils furent reçus par
le *bosseman* et par deux autres la baïonnette au bout
du fusil et misérablement massacrés. Il y avait
dans la maison un autre appartement plus reculé où se trouvait le roi, ou le capitaine général de cette ville, avec quelques autres. Nos gens les
forcèrent d'y rester jusqu'à ce que la maison, consumée par les flammes, leur tombât sur la tête, et les
écrasât.

Pendant toute cette exécution, ils ne tirèrent pas
un seul coup de fusil, ne voulant éveiller le peuple
qu'à mesure qu'ils étaient en état de le dépêcher ;
mais le feu fit sortir assez vite les Indiens du som-
meil ; ce qui força les Anglais à se tenir ensemble
en petit corps. L'incendie ne trouvant que des matières extrêmement combustibles, se répandit en
moins de rien au long et au large, et rendit les rues
entre les maisons presque impraticables. Il fallait
pourtant suivre le feu, pour exécuter cet affreux
dessein avec plus de sûreté ; et dès que la flamme
faisait sortir les habitans hors de leurs maisons, ils
étaient d'abord assommés par ces furieux, qui, pour
tenir leur rage en haleine, ne faisaient que crier
les uns aux autres de se souvenir du pauvre
Jeffery.

Pendant tout ce tems-là j'étais dans de fort
grandes inquiétudes ; particulièrement quand je

vis l'incendie, que l'obscurité de la nuit me faisait paraître comme s'il n'était qu'à quelques pas de
moi.

D'un autre côté, mon neveu le capitaine, qui
avait été éveillé par ses gens, voyant ces flammes, en fut dans une surprise extraordinaire : il
n'en pouvait pas deviner la cause, et il craignit
fort que je ne fusse dans quelque grand danger,
aussi bien que le *super-cargo*, Mille pensées lui
roulaient dans l'esprit; et enfin, quoiqu'il ne pût
qu'à peine tirer plus de monde du vaisseau, il
résolut de se jeter dans l'autre chaloupe, et de
venir lui-même à notre secours avec treize
hommes.

Il fut fort étonné de me trouver avec le *super-
cargo* dans la chaloupe, accompagné seulement
d'un seul matelot et du mousse. Quoiqu'il fût fort
aise de nous voir sains et saufs, il était très-impa-
tient de savoir ce qui se passait à l'égard des autres.
La flamme s'augmentait de moment à autre, et nos
gens ayant commencé à se servir de leurs armes à
feu, les fréquens coups de fusil que nous entendions
ne pouvaient que nous donner la plus grande curiosité pour une affaire où nous étions si fort intéressés.

Le capitaine, ayant pris sa résolution, me dit
qu'il voulait aller donner du secours à ses gens,
quelque chose qu'il en pût arriver. Je tâchai de l'en
détourner par les mêmes raisons que j'avais em-
ployées contre les autres ; je lui alléguai le soin qu'il
devait avoir de son vaisseau, l'intérêt des propriétaires, et la longueur du voyage, etc., et je m'offrais
d'aller reconnaître avec les deux hommes qui m'é-
taient restés, pour découvrir de quelque distance
quel devrait être probablement le résultat de
cette affaire, et pour l'en venir informer au plus
vîte.

C'était parler à un sourd; mon neveu était aussi incapable d'entendre raison que tout le reste. Il voulait y aller, me dit-il, et il était fâché d'avoir laissé plus de dix hommes dans le vaisseau. Il n'était pas homme à laisser périr ses gens faute de secours; il était résolu à leur en donner, quand il devrait perdre le vaisseau et la vie même.

Dans ces circonstances, bien loin de persuader le capitaine de rester là, je fus obligé de le suivre. Il ordonna à deux hommes de s'en retourner à bord avec la pinasse, et d'aller chercher encore douze de leurs camarades, dont six devaient garder les chaloupes, pendant que les six autres marcheraient vers la ville. De cette manière, il ne devait rester que seize hommes dans le vaisseau, dont tout l'équipage ne consistait qu'en soixante - cinq hommes, desquels deux avaient été tués dans la première action.

Ces ordres étant donnés, nous nous mîmes en marche; et guidés par le feu, nous allâmes tout droit vers la ville. Si les coups de fusil nous avaient étonnés de loin, nous fûmes remplis d'horreur quand nous fûmes près de là, par les cris des malheureux habitans qu'on traitait d'une manière si affreuse.

Je n'avais jamais été présent au sac d'une ville; j'avais bien entendu parler de *Drogheda* en Irlande, où Olivier Cromwel (1) avait fait massacrer tout le peuple, hommes, femmes et enfans. J'avais vu la description de la prise de Magdebourg (2) par le comte de Tilly, et du massacre de plus de vingt-deux

---

(1) *Protecteur d'Angleterre.*
(2) *Capitale du cercle de la Basse-Saxe.*

mille personnes de tout sexe et de tout âge ; mais je n'avais vu rien de pareil de mes propres yeux, et il m'est impossible d'en donner une idée, ni d'exprimer les terribles impressions que cette action abominable fit sur mon esprit.

Parvenus jusqu'à la ville, nous ne vîmes aucun moyen d'entrer dans les rues ; nous fûmes donc obligés de la côtoyer ; et les premiers objets qui s'offrirent à nos yeux étaient les ruines, ou plutôt les cendres d'une cabane, devant laquelle nous vîmes, à la lumière du feu, les cadavres de quatre hommes et de trois femmes, et nous crûmes en découvrir quelques autres au milieu des flammes. En un mot, nous aperçûmes d'abord les traces d'une action si barbare et si éloignée de l'humanité, que nous crûmes impossible que nos gens en fussent les auteurs ; nous les jugeâmes tous dignes de la mort la plus cruelle, s'ils en étaient effectivement coupables.

L'incendie cependant allait toujours en avant, et les cris suivaient le même chemin que le feu ; ce qui nous mit dans la plus grande consternation, quand nous vîmes, à notre grand étonnement, trois femmes nues, poussant les cris les plus affreux, s'enfuir de notre côté comme si elles avaient eu des ailes : seize ou dix-sept hommes du pays suivaient la même route, ayant à leurs trousses trois ou quatre de nos bouchers anglais, qui, ne pouvant pas les atteindre, firent feu sur eux, et en renversèrent un tout près de nous. Quand les pauvres fuyards nous découvrirent, ils nous prirent pour un autre corps de leurs ennemis, et firent des hurlemens épouvantables, surtout les femmes, persuadées que nous allions les massacrer dans le moment.

Mon sang se glaça dans mes veines quand je vis cet affreux spectacle ; et je crois que si nos

quatre matelots étaient venus jusqu'à nous, j'aurais fait tirer dessus. Cependant nous nous mîmes un peu à l'écart pour faire comprendre aux
pauvres Indiens qu'ils n'avaient rien à craindre de
nous.

Là dessus ils s'approchèrent, se jetèrent à terre,
et en levant les yeux au ciel, ils semblaient nous demander, par les tons les plus lamentables, de leur
sauver la vie.

Nous leur fîmes comprendre que c'était là notre
dessein; sur quoi ils se mirent tous dans un petit pe-
loton derrière un retranchement. Dans ces entrefaites j'ordonnai à mes gens de se tenir tous ensemble et de n'attaquer personne, mais de tâcher
de saisir quelqu'un des Anglais, pour apprendre de
quel diable ils étaient possédés, et quelle était leur
intention. Je leur dis encore que, s'ils rencontraient
leurs camarades enragés, ils tâchassent de les faire
retirer, en les assurant que s'ils restaient là jusqu'au
jour, ils se verraient entourés de cent mille Indiens.
Là dessus je les quittai; et suivi seulement de deux
hommes, je me mis parmi les pauvres fuyards que
nous avions sauvés. C'était la chose du monde la
plus triste à voir; quelques-uns avaient les pieds
tout grillés à force de courir par le feu. Une des
femmes étant tombée en passant par les flammes
avait le corps à moitié rôti, et deux ou trois
hommes avait plusieurs coups de sabre sur le dos
et sur les cuisses: un quatrième, percé de part
en part d'un coup de fusil, rendit l'âme à mes
yeux.

J'aurais fort souhaité d'apprendre les motifs de
cet abominable massacre; mais il me fut impossible
d'entendre un mot de ce qu'ils me disaient; tout ce
que je pus comprendre par leurs signes, c'était qu'ils
étaient aussi ignorans là dessus que je l'étais moi-
même. Cette horrible entreprise m'effraya tellement,

que je résolus à la fin de retourner vers mes gens,
de pénétrer dans la ville au travers des flammes, et
de mettre fin à cette boucherie, à quelque prix que
ce fût.

Dans le tems que je communiquais ma résolution
à mes gens, que je leur ordonnais de me suivre, nous
vîmes quatre de nos Anglais, avec le bosseman à leur
tête, courir comme des furieux pardessus les corps
de ceux qu'ils avaient tués. Ils étaient tous couverts
de sang et de poussière ; nous leur criâmes de toutes
nos forces de venir à nous, ce qu'ils firent dans le
moment.

Dès que le bosseman nous aperçut, il poussa un
cri de triomphe, charmé de voir arriver du secours :
« Ah ! mon brave capitaine, s'écria-t-il, je suis ravi
» de vous voir ; nous n'avons pas encore à moitié
» fait avec ces diables, avec ces chiens d'enfer ; j'en
» tuerai autant que le pauvre *Jeffery* avait de che-
» veux sur la tête. Nous avons juré de n'en épargner
» pas un seul : nous voulons exterminer toute cette
» abominable nation. » Là dessus il se mit à courir
tout échauffé et tout hors d'haleine, sans nous donner le tems de lui dire un seul mot.

Enfin, criant de toutes mes forces : Arrête,
barbare ! lui dis-je ; je te défends, sous peine de
la vie, de toucher davantage à un seul de ces pauvres
gens ; si tu ne t'arrêtes, tu es mort dans le moment.

« Comment donc ! monsieur, répondit-il, savez-
» vous ce qu'ils ont fait ? Si vous voulez voir la rai-
» son de notre conduite, vous n'avez qu'à approcher. »
Là-dessus il nous montra le malheureux *Jeffery*
égorgé, et pendu à un arbre.

J'avoue que ce spectacle était capable de me porter à approuver leur vengeance, s'ils ne l'avaient
pas poussée si loin, et je me remis dans l'esprit ces

La dessus il nous montra ce malheureux
Jeffery pendu à un arbre.

paroles que Jacob adressa autrefois à ses fils *Si-
méon* et *Levi:* « Maudite soit leur colère, car elle a
» été féroce, et leur vengeance, car elle a été
» cruelle. »

Le triste objet que nous venions de voir me donna
dans le moment de nouvelles affaires ; car mon neveu et ceux qui me suivaient, en conçurent une rage
aussi difficile à modérer que celle du bosseman et de
ses camarades. Mon neveu me dit qu'il craignait
seulement que ses gens ne fussent pas les plus forts,
et qu'au reste il ne fallait pas faire quartier à un seul
de ces Indiens, qui tous avaient trempé dans un si
abominable meurtre, et qui avaient mérité la mort,
comme des assassins. Sur ce discours, huit de ces
derniers venus volèrent sur les pas du bosseman,
pour mettre la dernière main à ce cruel attentat ; et
moi, voyant inutile tout ce que je faisais pour les
modérer, je m'en revins triste et pensif, ne pouvant
plus soutenir la vue de ce meurtre, ni des malheureux qui tombaient entre les mains de nos barbares
matelots.

Je n'étais accompagné que du *super-cargo*, et de
deux autres hommes ; et j'avoue qu'il y avait bien de
l'imprudence à moi de retourner vers nos chaloupes
avec si peu de monde. Le jour approchait, et l'alarme
qui s'était répandue par tout le pays, avait rassemblé
près du petit hameau une quarantaine d'Indiens, armés de lances, d'arcs et de flèches. Heureusement
j'évitai cet endroit, en allant tout droit au rivage ;
quand nous y arrivâmes, il était déjà plein jour.
Nous nous mîmes aussitôt dans la *pinasse*, et après
être venus à bord, nous la renvoyâmes, dans la pensée que nos gens pourraient bien en avoir besoin
pour se sauver.

Je vis alors que le feu commençait à s'éteindre,
et que le bruit cessait ; mais une demi-heure après

j'entendis une salve de fusil : j'appris dans la suite
que nos gens l'avaient faite sur les Indiens, qui s'é-
taient attroupés près du petit hameau. Ils en tuèrent
seize ou dix-sept, et mirent le feu à leurs cabanes;
mais ils épargnèrent les femmes et les enfans.
Lorsque mes gens s'approchaient du rivage avec
la pinasse, ceux qui venaient de faire cette affreuse
expédition commençaient à paraître sans aucun
ordre, répandus çà et là; en un mot, dans une
telle confusion, qu'ils auraient pu être défaits
facilement par un très-petit nombre de gens déterminés.

Heureusement pour eux ils avaient jeté la ter-
reur dans tout le pays, et les Indiens étaient si
effrayés par une attaque si peu attendue, qu'une
centaine de leurs braves gens n'auraient pas attendu de pied ferme six de nos matelots. Aussi,
dans toute l'action, il n'y en avait pas un seul
qui se défendît. Ils étaient tellement étonnés du feu
d'un côté, et de l'attaque de nos gens de l'autre,
que, dans l'obscurité de la nuit, ils ne savaient de
quel côté se tourner. S'ils fuyaient d'un côté, ils
tombaient dans un de nos petits corps, et s'ils re-
tournaient sur leurs pas, ils en rencontraient un
autre. La mort se présentait à eux de toutes parts :
aussi, dans toute cette affaire, aucun de nos gens ne
reçut le moindre mal, excepté deux, dont l'un s'é-
tait brûlé la main, et dont l'autre s'était fait une en-
torse au pied.

J'étais fort en colère contre tout l'équipage, mais
surtout contre mon neveu le capitaine, qui avait
non-seulement négligé son devoir, en hasardant le
succès de tout le voyage, dont le soin lui avait
été commis, mais encore en animant la fureur
de ces gens, plutôt que de la calmer. Il répondit
à mes reproches avec beaucoup de respect, en
disant que la vue de Jeffery, égorgé d'une manière si

cruelle, l'avait furieusement passionné ; qu'il n'aurait pas dû s'y laisser entraîner en qualité de commandant du vaisseau, mais qu'en qualité d'homme, il avait été incapable de raisonner en cette occasion. Pour les matelots, comme ils n'étaient pas soumis à mes ordres, ils se souciaient fort peu si leur expédition me déplaisait ou non.

Le lendemain nous remîmes à la voile, et par conséquent nous ne sûmes rien de l'effet qu'avait produit, dans ce peuple, l'action barbare de notre équipage. Nos gens différaient dans le calcul qu'ils faisaient de ceux qu'ils avaient tués ; mais on pouvait juger à peu près, par différens rapports, qu'ils avaient fait périr environ cinquante personnes, hommes, femmes et enfans. Pour ce qui regarde les maisons, il n'en était pas échappé une seule de l'incendie.

Ils avaient laissé là le pauvre Jeffery, parce qu'il était inutile de l'emporter avec eux ; ils l'avaient seulement détaché de l'arbre où il avait été pendu par un bras.

Quoique nos gens crussent leur action fort juste, je n'étais rien moins que de leur sentiment, et je leur dis naturellement que Dieu ne bénirait point notre voyage, et qu'il les punirait du sang qu'ils avaient répandu, comme d'un massacre exécrable ; que véritablement les Indiens avaient tué Jeffery ; mais qu'il avait été l'aggresseur ; qu'il avait violé la paix, en abusant d'une fille qui était venue dans notre quartier sur *la foi du traité.*

Le bosseman défendit sa cause, en disant que, quoique les nôtres semblassent avoir violé la paix, il était pourtant certain que les Indiens avaient commencé la guerre, en tirant leurs flèches sur nous, et en tuant de nos gens sans aucune cause raisonnable ; que trouvant l'occasion d'en tirer raison,

4.

il nous avait été permis de le faire, et que les
petites libertés que Jeffery avait prises avec la
jeune Indienne, n'avaient pas mérité qu'on l'é-
gorgeât d'une si cruelle manière; que par conséquent ils n'avaient rien fait que punir des meurtriers, ce qui était permis par les lois divines et
humaines.

Qui ne croirait qu'une pareille aventure nous eût
détournés de nous hasarder encore à terre, parmi
des païens et des barbares? Malheureusement les
hommes ne deviennent sages que par leurs propres
disgrâces, et jamais leur expérience ne leur est
d'un si grand usage, que quand elle leur coûte
cher.

Nous étions destinés pour le golfe de Perse (1), et
de là, pour la côte de Coromandel (2), et notre but
n'était que d'aller en passant à Surate. Le principal
dessein du *super-cargo* regardait la *baie du Bengale*,
et s'il ne trouvait pas occasion d'y faire ses affaires,
il devait aller à la Chine, et revenir au Bengale (3)
à son retour.

Le premier désastre qui nous arriva fut dans le
golfe de Perse, où cinq de nos gens étant allés à
terre, sur la côte qui appartient à l'Arabie, furent
tués ou emmenés comme esclaves par les gens du
pays. Leurs compagnons ne furent point en état
de les délivrer, ayant assez à faire eux-mêmes
pour se sauver dans la chaloupe. Je leur dis natu-

---

(1) *Grand royaume d'Asie, extrémement fer-
tile.*

(2) *Grande province, en deçà du Gange.*

(3) *Royaume d'Asie, dans les Indes, traversé
par le Gange.*

rellement, que je regardais ce malheur comme une punition du ciel. Mais le bosseman me répondit avec chaleur, que j'aurais bien de la peine à justifier mes censures et mes reproches par des passages formels de l'écriture, et il m'allégua celui où il est dit : « Que ceux sur qui était tombée la tour de Silé, n'avaient pas été plus grands pécheurs que les autres Galiléens, » Je confesse que je ne trouvai rien de solide à lui répliquer, surtout à cause que, parmi ceux que nous venions de perdre, il n'y en avait pas un seul qui eût trempé dans le massacre de Madagascar ; je me servais toujours de cette expression, quelque choquante qu'elle fût pour tout l'équipage.

Les sermons fréquens que je leur faisais sur ce sujet, eurent de plus mauvaises conséquences pour moi que je n'avais cru. Le bosseman, qui avait été le chef de cette entreprise, m'étant venu joindre un jour, me dit d'un ton fort résolu que j'avais grand tort de remettre toujours cette affaire sur le tapis, et de m'étendre en reproches mal fondés et injurieux ; que l'équipage en était fort mécontent, et lui surtout, sur lequel j'avais le plus tiré ; qu'étant seulement passager, sans aucun commandement dans le vaisseau, je ne devais pas m'imaginer que j'eusse le moindre droit de les insulter, comme je le faisais continuellement. « Que savons-nous, continua-t-il, si vous n'avez pas quelque dessein contre nous dans l'esprit, et si un jour, quand nous serons de retour en Angleterre, vous ne nous appellerez pas en justice pour cette action ? Je vous prie, monsieur, plus de discours sur cette matière ; si vous vous mêlez encore de ce qui ne vous regarde point, je quitte le vaisseau, plutôt que de souffrir vos censures perpétuelles. »

Après l'avoir écouté avec patience, je lui dis qu'à la vérité le massacre de Madagascar, que je n'appellerai jamais autrement, m'avait toujours souverainement déplu, et que j'en avais parlé librement, sans pourtant appuyer davantage sur lui que sur un autre; qu'il était vrai que je n'avais aucun commandement dans le vaisseau, mais aussi, que je n'avais jamais prétendu y exercer la moindre autorité, et que je n'avais fait seulement que dire mon sentiment avec franchise sur les choses qui nous concernaient tous également; que je voulais pourtant qu'il sût que j'avais une part considérable dans la charge du navire, et qu'en cette qualité, j'avais un droit incontestable de parler encore avec plus de liberté que je n'avais fait jusqu'alors, sans être obligé de rendre compte de ma conduite, ni à lui, ni à qui que ce fût. Je lui tins ce discours avec assez de fermeté, et comme il n'y répliqua pas grand'chose, je crus que c'était une affaire finie.

Nous étions alors dans le port de Bengale: et ayant envie de voir le pays, je m'étais fait mettre à terre, quelques jours après notre arrivée, avec le *super-cargo*, pour nous divertir pendant quelques heures. Vers le soir, dans le tems que je me préparais à retourner à bord, un de nos mariniers vint me dire de ne pas prendre la peine d'aller jusqu'au rivage, puisque les gens de la chaloupe avaient ordre de ne me point ramener.

Surpris de ce compliment insolent, comme d'un coup de foudre, je demandai à cet homme qui lui avait donné ordre de me dire une pareille sottise; et ayant appris que c'était le bosseman, je dis au messager qu'il n'avait qu'à rapporter à celui qui l'avait envoyé, qu'il s'était acquitté de sa commission, et que je n'y avais rien répondu.

J'allai d'abord trouver le *super-cargo*, et lui racontant toute l'histoire, je lui dis que je prévoyais quelque mutinerie dans le vaisseau, et je le priai de s'y transporter dans quelque barque indienne, pour informer le capitaine de ce qui venait de m'arriver. J'aurais bien pu m'épargner cette peine, car l'affaire était déjà faite à bord du navire. Le bosseman, le canonnier et le charpentier, en un mot, tous les officiers subalternes, dès qu'ils m'avaient vu dans la chaloupe, étaient montés sur le tillac, et avaient demandé à parler au capitaine. Comme le bosseman était un homme qui parlait fort bien, c'était lui qu'on avait chargé du soin de faire la harangue. Après avoir répété toute la conversation que nous avions eue ensemble, il dit en peu de mots au capitaine, qu'ils étaient bien aises que j'eusse pris, de mon propre mouvement, le parti d'aller à terre, puisque sans cela ils m'y auraient obligé; qu'ils s'étaient engagés à servir dans le vaisseau, sous son commandement, et qu'ils étaient dans l'intention de continuer à le faire avec la plus exacte fidélité; mais que, si je ne voulais pas quitter le vaisseau de bon gré, et si, en ce cas, il ne voulait pas m'y forcer, ils n'étaient pas d'avis d'aller plus loin avec lui, et qu'ils abandonneraient le vaisseau *tous*.

En prononçant ce dernier mot, il se tourna du côté du grand mât, où tous les matelots étaient assemblés, qui se mirent aussitôt à crier d'une seule voix : « Oui, tous, tous. »

Mon neveu était un homme de courage et d'une grande présence d'esprit; quoiqu'il fût très-surpris d'un discours si peu attendu, il répondi d'une manière calme, qu'il prendrait l'affaire en considération; mais qu'il ne pouvait rien résoudre là dessus avant que de m'avoir parlé.

Il se servit alors de plusieurs raisonnemens pour

leur faire voir l'injustice de leur proposition, mais en vain ; ils se donnèrent tous la main en sa présence, en jurant qu'ils iraient tous à terre, à moins qu'il ne leur promît positivement qu'il ne souffrirait pas que je remisse le pied dans le vaisseau.

C'était quelque chose de bien dur pour lui, qui m'avait de si grandes obligations, et qui ignorait de quelle manière je prendrais cette affaire là. Il crut pouvoir détourner le coup d'une autre manière ; et le prenant sur un ton fort haut, il leur dit, avec beaucoup de fermeté : que j'étais un des principaux intéressés dans le vaisseau, et qu'il était ridicule de vouloir me chasser, pour ainsi dire, de ma propre maison ; que s'ils quittaient le navire, ils paieraient assez cher cette désertion, s'ils étaient jamais hardis pour remettre le pied en Angleterre ; que pour lui, il aimerait mieux risquer tout le fruit du voyage, et perdre le vaisseau, que de me faire un pareil affront, et qu'ainsi ils n'avaient qu'à prendre le parti qu'ils trouveraient à propos. Il leur proposa ensuite d'aller à terre lui-même avec le bosseman, pour voir de quelle manière on pourrait accommoder toute cette affaire.

Ils rejetèrent unanimement cette proposition, en disant qu'ils ne voulaient plus avoir rien à faire avec moi, ni à terre, ni à bord du vaisseau, et que si j'y rentrais, ils étaient tous résolus d'abandonner le navire. « Eh bien, répliqua le capitaine, si vous êtes tous dans cette intention, j'irai parler à mon oncle tout seul. » Il le fit, et il vint justement dans le tems qu'on venait de me faire le compliment ridicule dont j'ai parlé.

J'étais ravi de le voir ; car j'avais craint qu'ils ne l'emprisonnassent, et qu'ils ne s'en allassent avec le navire, ce qui m'aurait forcé à demeurer là seul, sans

argent, sans hardes, et dans une situation plus terrible que celle où je m'étais trouvé autrefois dans
mon île.

Heureusement ils n'avaient pas poussé leur inso-
lence jusque là, et lorsque mon neveu me racouta
qu'ils avaient juré de s'en aller tous si je rentrais dans
le vaisseau, je lui dis de ne point s'en embarrasser,
et que j'étais résolu de rester à terre ; qu'il eût soin
seulement de me faire apporter mes hardes et une
bonne somme d'argent, et que je trouverais bien le
moyen de revenir en Angleterre.

Quoique mon neveu fût au désespoir de me laisser
là, il vit bien qu'il n'y avait pas d'autre parti à prendre. Il retourna à bord, et dit à ses gens que son
oncle avait cédé à leur importunité, et qu'on n'avait
qu'à m'envoyer mes hardes. Ce discours calma tout
cet orage ; l'équipage se rangea à son devoir ; il n'y
eut que moi d'embarrassé, ne sachant quel parti
prendre.

Je me trouvais tout seul, dans l'endroit le plus
reculé du monde, étant plus éloigné de l'Angleterre
de trois mille lieues, que quand j'étais dans mon île.
Il est vrai que je pouvais revenir par terre, en passant par le pays du Grand-Mogol (1) jusqu'à Surate (2) ; de là je pouvais aller par mer jusqu'à
Bassora (3), dans le golfe Persique, d'où je pouvais
venir avec les caravanes, par les déserts de l'A-

---

(1) *Grand empire dans les Indes, rempli de richesses.*

(2) *Ville très-commerçante des Indes.*

(3) *Ville d'Asie, au-dessous du confluent du Tigre
et de l'Euphrate.*

rabie (1), jusqu'à Alep (2) et à Sanderon. De là il m'était facile de me transporter en France par l'Italie ; toutes ces courses mises ensemble, faisaient le diamètre entier du globe, et peut-être davantage.

Il y avait encore un autre parti à prendre ; c'était d'attendre quelques vaisseaux anglais, qui, venant d'*Achen*, dans l'île de Sumatra (3), devaient passer au Bengale ; mais comme j'étais venu là sans avoir rien à démêler avec la compagnie anglaise des Indes orientales, il m'aurait été difficile d'en sortir sans son consentement, qu'il m'était impossible d'obtenir, sinon par une grande faveur des capitaines de ses vaisseaux, ou des facteurs de la compagnie, et je n'avais pas la moindre relation, ni avec les uns, ni avec les autres.

Pendant que j'étais dans cet embarras, j'eus le plaisir charmant de voir partir le vaisseau sans moi ; ce qui peut-être n'était jamais arrivé auparavant à un homme qui fût dans une situation comme la mienne, à moins que l'équipage ne se fût révolté, et n'eût mis à terre ceux qui ne voulaient pas consentir à leur mauvais dessein.

Ce qui me consolait un peu, c'est que mon neveu m'avait laissé deux domestiques, ou pour mieux dire, un domestique et un compagnon. Ce dernier était l'clerc du *Boursier* du vaisseau, et l'autre était le propre valet du capitaine. Je pris un bon appartement, chez une femme anglaise, où logeaient plusieurs autres marchands anglais, français et juifs

_____

(1) *Pays d'Asie, qui se divise en Arabie-Pétrée, Déserte et Heureuse.*

(2) *Ville de Syrie.*

(3) *Ils de la Sonde, dans la mer des Indes.*

italiens. J'y fus parfaitement bien accommodé ; et pour qu'on ne pût pas dire que je prenais mon parti trop précipitamment, j'y restai pendant neuf mois, pour considérer mûrement par quel moyen je pourrais m'en revenir chez moi le plus commodément et avec le plus de sûreté.

J'avais avec moi des marchandises d'Angleterre d'une assez grande valeur, outre une bonne somme d'argent ; mon neveu m'avait laissé mille pièces de huit, et une lettre de crédit d'une somme beaucoup plus considérable, que j'étais le maître de tirer si j'en avais besoin, ensorte que je ne courais pas le moindre risque de manquer d'argent.

Je me défis d'abord de mes marchandises très-avantageusement, et, suivant l'intention que j'avais déjà eue, en commençant le voyage, j'achetai une belle partie de diamans ce qui réduisit mon bien dans un petit volume, qui ne pouvait point m'embarrasser pendant le voyage.

Après avoir demeuré là assez long-tems sans goûter aucune des propositions qu'on m'avait faites touchant les moyens de retourner en Angleterre, un marchand anglais, qui logeait dans la même maison et avec qui j'avais lié une amitié étroite, vint un matin dans ma chambre : « Mon cher compatriote, me dit-il, je viens vous communiquer un projet qui me plaît fort, et qui pourrait bien vous plaire aussi, quand vous l'aurez considéré avec attention. Nous sommes placés, continua-t-il, vous par accident, et moi par mon propre choix, dans un endroit du monde fort éloigné de notre patrie : mais c'est dans un pays où il y a beaucoup à gagner pour des gens comme vous et moi, qui entendons le commerce. Si vous voulez joindre mille livres sterling à mille autres que je fournirai, nous louerons ici le premier vaisseau qui nous accommodera ; vous serez capitaine et moi marchand , et nous ferons le voyage de la Chine. Pourquoi , monsieur , resterions-nous ici les bras croisés ? Tout roule , tout s'agite dans le monde : tous les corps terrestres et célestes sont dans un mouvement continuel ; par quelle raison demeurerions-nous dans une lâche oisiveté ? Il n'y a , pour ainsi dire , de fainéans que parmi les hommes , et je ne vois pas qu'il soit nécessaire que nous soyions de cette méprisable classe. »

Je goûtai fort cette proposition , d'autant plus qu'elle me fut faite avec tant de marques d'amitié et de franchise ; l'incertitude de ma situation contribua beaucoup à m'engager dans le commerce , qui n'était pas naturellement l'élément qui me fût le plus propre : en récompense , le projet de voyager touchait la véritable corde de mes inclinations , et jamais une proposition d'aller voir une partie du monde qui m'était inconnue ne pouvait m'être faite mal à propos.

Quelques tems s'écoula avant que nous pussions trouver un navire qui nous agréât , et quand nous l'eûmes trouvé , il nous fut fort difficile d'avoir des matelots anglais, autant comme il nous en fallait pour diriger ceux du pays, que nous pouvions trouver sans peine. Bientôt pourtant nous engageâmes un *contre-maître*, *un bosseman*, *un canonnier*, tous anglais, *un charpentier hollandais*, *et trois matelots portugais*, qui suffisaient pour avoir l'œil sur nos mariniers Indiens.

Il y a tant de relations des voyages qui ont été faits de ce côté-là, que ce serait une chose fort ennuyeuse pour le lecteur de trouver une description exacte des pays où nous relachâmes, et des peuples qui les habitent. Il suffira de dire que nous allâmes d'abord à *Achin*, dans l'île de Sumatra et de là à *Siam* (1), où nous troquâmes quelques-unes de nos marchandises contre de l'*opium*, et contre de l'*arac* (2), sachant que la première de ces marchandises surtout est d'un grand prix dans la Chine, particulièrement dans ce tems-là, où ce royaume en manquait. En un mot, dans cette première course, nous fûmes jusqu'à *Juskan* ; nous fîmes un fort bon voyage, où nous employâmes neuf mois, et nous retournâmes au Bengale, fort contens de ce coup d'essai.

J'ai observé que mes compatriotes sont fort surpris des fortunes prodigieuses que font dans ces pays là les officiers que la compagnie y envoie, et qui y gagnent en peu de tems soixante, soixante-dix, et quelquefois jusqu'à cent mille livres sterling.

Mais la chose n'est pas surprenante pour ceux qui considèrent le grand nombre de ports où nous avons un libre commerce, où les habitans cherchent, avec la plus grande ardeur, tout ce qui vient des pays étrangers, et qui plus est, où l'on peut acheter un si grand nombre de choses qu'on peut vendre ailleurs, en faisant un profit très-considérable.

Quoi qu'il en soit, je gagnai beaucoup dans ce premier voyage ; j'y acquis des lumières pour faire de plus gros gains ; et si j'avais eu quelque vingtaine d'années de moins, j'y serais resté avec plaisir, bien sûr d'y faire ma fortune : mais j'étais plus que sexagénaire ; j'avais des richesses suffisamment, et j'étais sorti de ma patrie, moins pour acquérir des

----

(1) *Grand royaume d'Asie, dans les Indes.*

(2) *Liqueur spiritueuse, que l'on tire du riz fermenté.*

trésors que pour satisfaire à un désir inquiet de
courir par tout le monde. C'est avec bien de la justice que j'appelle ce désir *inquiet*; car lorsque
j'étais chez moi, je n'avais point de repos que je ne
fusse dans quelque course; et quand je courais, j'é-
tais impatient de revoir mon pays. Ainsi le gain me
touchait fort peu, puisque j'étais riche, et que naturellement je n'étais pas avare. Je crus donc n'avoir
guère profité par ma course, et rien ne pouvait
me déterminer à en entreprendre d'autres, que
le désir de voir de nouveaux pays. Mon œil était
semblable à celui dont parle Salomon, *qui n'é-
tait jamais rassasié de voir*; et mes voyages, bien
loin de me contenter, ne faisaient qu'animer ma
curiosité pour d'autres voyages. J'étais venu dans
une partie du monde dont j'avais entendu parler
beaucoup, et j'étais résolu d'y voir tout ce qu'il
y avait de plus remarquable, pour pouvoir dire
que j'avais vu tout ce qui méritait d'être vu dans
le monde.

Mon compagnon de voyage avait des idées
toutes différentes des miennes. Je ne le dis pas
pour faire comprendre que les siennes étaient les
moins raisonnables; au contraire, je conviens
qu'elles étaient plus justes et mieux assorties aux
vues d'un marchand, dont la sagesse consiste à
s'attacher aux objets les plus utiles et les plus lu-
cratifs.

Cet honnête homme ne songeait qu'au solide,
et il aurait été content d'aller et de venir toujours par les mêmes chemins et de loger dans
les mêmes gîtes, tout comme un cheval de poste,
pourvu qu'il y eût *trouvé son compte*, selon la
phrase marchande; au lieu que j'étais un vrai aventurier, à qui une chose déplaisait dès que je la voyais
pour la seconde fois.

D'ailleurs, j'avais une impatience extraordinaire

de me voir plus près de ma patrie, et je ne savais comment faire pour me procurer cette satisfaction. Dans le tems que mes délibérations ne faisaient que me rendre plus irrésolu, mon ami, qui cherchait toujours des occupations nouvelles, me proposa un autre voyage vers les îles d'où l'on tire les épiceries, afin d'y charger une cargaison entière de clous de girofle. Son intention était d'aller aux îles Manilles, d'où les Hollandais font le principal commerce, quoiqu'elles appartiennent en partie aux Espagnols.

Nous ne trouvâmes pas à propos cependant d'aller si loin, n'ayant pas grande envie de nous hasarder dans les endroits où les Hollandais ont un pouvoir absolu, comme dans l'île de Java (1), celle de Ceylan (2), etc. Tout ce qui retarda le plus notre course, c'était mon irrésolution ; mais dès que mon ami m'eut gagné, les préparatifs furent bientôt faits. N'ayant rien de meilleur à faire, je trouvai, dans le fond, que de courir çà et là, dans l'attente d'un profit aussi grand que sûr, donnait plus de satisfaction que de rester dans l'inaction, qui était, selon mon penchant naturel, l'état le plus triste et le plus malheureux de la vie. Je m'y résolus donc. Nous touchâmes à l'île de Bornéo, et à plusieurs autres dont j'ai oublié le nom ; et notre voyage, qui ne réussit pas moins bien que le premier, ne dura en tout que cinq mois.

Nous vendîmes nos épiceries, qui consistaient

_____

(1) *Ile de la mer des Indes, célèbre par les épiceries qu'elle produit.*

(2) *Ile des Indes, renommée pour les drogues médicinales de toute espèce.*

principalement en clous de girofle et noix de muscade, à des marchands de Perse, qui voulaient les emporter avec eux dans le golfe Persique ; nous y gagnâmes cinq pour un, et par conséquent nous y fîmes un profit extraordinaire.

Quand nous fîmes nos comptes, mon ami me regarda avec un sourire : « Eh bien ! me dit-il, en insultant à mon indolence naturelle, ceci ne vaut-il pas mieux que d'aller courir de côté et d'autre comme un fainéant, et d'ouvrir de grands yeux pour voir les extravagances des païens ? —Pour dire la vérité, mon ami, lui répondis-je, je commence à être un prosélyte du commerce ; mais permettez-moi de vous dire, continuai-je, que si un jour je puis me rendre maître de mon indolence, tout vieux que je suis, je vous lasserai à force de vous faire courir le monde avec moi : vous n'aurez pas un moment de repos, je vous en réponds. »

Peu de tems après notre retour, un vaissseau hollandais, de deux cents tonneaux à peu près, arriva au Bengale ; il était destiné à aller visiter les côtes, et non pas à repasser d'Europe en Asie, et d'Asie en Europe. On nous débita que tout l'équipage étant devenu malade, et le capitaine n'ayant pas assez de gens pour tenir la mer, le navire avait été forcé de relâcher au Bengale ; que le capitaine ayant gagné assez d'argent, avait envie de retourner en Europe, et qu'il avait fait connaître qu'il voulait vendre son vaisseau.

J'eus le vent de cette affaire plutôt que mon associé, et ayant grande envie de faire cet achat, je courus au logis pour l'en informer. Il y songea pendant quelque tems ; car il n'était nullement homme à précipiter ses résolutions. « Ce bâtiment est un peu trop gros, me dit-il ; mais cependant il faudra bien que nous l'ayons. »

Là dessus nous achetâmes le vaisseau, nous le payâmes, et nous en prîmes possession ; nous nous résolûmes à en garder les matelots, pour les joindre à ceux que nous avions déjà : mais tout d'un coup, ayant reçu chacun, non leurs gages, mais leur portion de l'argent qui avait été donnée pour le vaisseau, ils s'en allèrent. Nous ne sûmes pas, pendant quelque tems, ce qu'ils étaient devenus, et nous apprîmes enfin qu'ils avaient pris tous la route d'Agra, lieu de la résidence du Grand-Mogol ; que de là ils avaient dessein d'aller à Surate, afin de s'y embarquer pour le golfe de Persique.

Rien ne m'avait si fort chagriné depuis long-tems que de ne les avoir pas suivis ; une telle course, en grande compagnie, qui m'aurait procuré en même tems et du divertissement et de la sûreté, aurait été mon vrai ballot. D'ailleurs, j'aurais vu le monde, et en même tems j'aurais approché de ma patrie ; mais ce chagrin passa peu de jours après, quand je sus quelle sorte de messieurs c'étaient que ces Hollandais. L'homme qu'ils appelaient capitaine n'était que le canonnier. Ils avaient été attaqués à terre par des Indiens, qui avaient tué le véritable commandant du vaisseau avec trois matelots. Là dessus ces drôles, au nombre de onze, avaient pris la résolution de s'en aller avec le vaisseau. Ils l'avaient fait, après avoir laissé en effet à terre le contre-maître et cinq hommes, dont j'aurai occasion de parler dans la suite.

Quoi qu'il en soit, nous crûmes avoir un bon droit pour la possession du vaisseau, quoique nous sentissions bien que nous ne nous étions pas informés assez exactement du titre de ces malheureux avant de faire le marché. Si nous les avions questionnés comme il fallait, ils se seraient coupés, selon toutes

les apparences; ils seraient tombés en contra-
diction les uns avec les autres, et peut-être chacun
avec soi-même. Il est vrai qu'ils nous montrèrent un
transport, où était nommé un *Emmanuel Cloosler-
howen* ; mais je m'imagine que tout cela était sup-
posé : cependant, dans le tems que nous fîmes le
marché, nous n'avions aucune raison de les soupçonner.

Nous voyant maîtres d'un si grand bâtiment, nous
engageâmes un plus grand nombre de matelots
anglais et hollandais, et nous nous déterminâ-
mes à un second voyage du côté du sud, vers les
îles Philippines et Moluques, pour chercher des
clous de girofle.

Pour ne pas arrêter long-tems le lecteur sur
des choses peu dignes d'attention, ayant encore
tant de choses remarquables à lui raconter, je
dirai en peu de mots que je passai six ans dans
ce pays à négocier avec beaucoup de succès, et que
la dernière année je pris, avec mon associé, le parti
d'aller dans notre vaisseau, faire un tour vers la
Chine, après avoir acheté du riz dans le royaume de
Siam.

Dans cette course, étant forcés par les vents
d'aller et de venir pendant quelque tems dans
les détroits qui séparent les îles Moluques, nous
ne nous en fûmes pas plutôt débarrassés, que
nous aperçûmes que notre navire s'était fait une
voie d'eau, et quelque peine que nous prissions,
il nous fut impossible de découvrir où c'était. Cet
inconvénient nous obligea de chercher quelque port,
et mon associé, qui connaissait ces pays mieux
que moi, conseilla au capitaine d'entrer dans la
rivière de Cambodia. Je dis le capitaine, car
ne voulant pas me charger du commandement
de deux vaisseaux, j'avais établi, pour mon ca-

pitaine de celui-ci, notre contre-maître, M. Thomp-
son. La rivière dont je viens de parler est au nord
du golfe qui va du côté de Siam.

Pendant que nous étions là, et que nous allions
tous les jours à terre pour avoir des rafraichissemens,
il arriva un matin qu'un homme vint me parler avec
empressement. Cet homme était un second canonnier d'un vaisseau des Indes anglais, qui était à
l'ancre dans la même rivière, près de la ville de
Cambodia. Il me parla anglais : « Monsieur, me
dit-il, vous ne me connaissez pas, et cependant
j'ai quelque chose à vous dire qui vous touche de
près. »

Le regardant attentivement, je crus d'abord le
connaître, mais je me trompais. « Si cette affaire
me regarde de près, lui répondis-je, sans que
vous y soyez intéressé, qu'est-ce qui vous porte
à me la communiquer ? — J'y suis porté, répartit-il, par le grand danger qui vous pend sur
la tête, sans que vous en ayez la moindre connaissance. »

« Tout le danger où je crois être, lui répliquai-je,
c'est que mon vaisseau a fait une voie d'eau ; mais
j'ai dessein de le mettre sur le côté pour tâcher de
la découvrir. — Monsieur, me dit-il, si vous êtes
sage, vous ne songerez pas à tout cela, quand
vous saurez ce que j'ai à vous dire. Savez-vous
que la ville de Cambodia n'est pas fort loin d'ici,
et qu'il y a près de là deux gros vaisseaux anglais
et trois hollandais ? — Hé bien ! qu'est-ce que cela
me fait ? lui répondis-je ? — Comment ! monsieur,
répartit-il, est-il de la prudence d'un homme qui
cherche des aventures, comme vous, d'entrer dans
un port sans examiner auparavant quels vaisseaux
peuvent être à l'ancre, et s'il est en état de leur faire
tête ? Vous savez, je m'imagine, que la partie n'est
pas égale. »

Ce discours ne m'étonna point du tout, parce
que je n'y comprenais rien : je dis à mon homme
qu'il s'expliquât plus clairement, et que je ne
voyais aucune raison pour moi de craindre les
vaisseaux des compagnies anglaise et hollandaise,
puisque je ne fraudais point les droits, et que
je ne faisais aucun commerce défendu. « Fort bien,
monsieur, me dit-il, en souriant d'un petit ton
aigre-doux, si vous vous croyez en sûreté, vous
n'avez qu'à rester ici; je suis mortifié pourtant
de voir que votre sécurité vous fasse rejeter un
avis salutaire. Soyez persuadé que, si vous ne levez
l'ancre dans le moment, vous allez être attaqué
par cinq chaloupes remplies de monde, et que
si l'on vous prend, on commencera par vous
pendre comme un pirate, quitte à vous faire votre
procès après. J'aurais cru, monsieur, qu'un avis
de cette importance m'aurait procuré une meilleure réception que celle que vous me faites. »
— Je n'ai jamais été ingrat, lui dis-je, pour ceux
qui m'ont rendu service; mais il est absolument
impossible de comprendre le motif du dessein que,
selon vous, on a pris contre moi. Cependant je veux
profiter de vos conseils, et puisqu'on a formé un
projet si abominable contre moi, je m'en vais
dans le moment, et je donnerai ordre qu'on mette
à la voile si on a bouché la voie d'eau, ou si
elle ne nous empêche pas de tenir la mer. Mais,
monsieur, faudra-t-il que je prenne ce parti-là
sans savoir cette affaire à fond, et ne pourriez-
vous pas me donner quelques lumières là dessus ?

» Je n'en sais qu'une partie, me dit-il, mais j'ai
avec moi un marinier hollandais, qui pourrait vous
en instruire, si le tems le permettait. Vous ne sau
riez l'ignorer entièrement vous-même ; car voici ce
dont il s'agit. Vous avez été avec le vaisseau à Sumatra, où le capitaine a été tué avec trois de ses

ns, par les insulaires, et vous vous en êtes allé
ec le vaisseau pour exercer la piraterie. Voilà la
ase de toute cette affaire; et l'on vous exécutera en
ualité de pirate, sans beaucoup de façon. Vous sa-
z bien que les vaisseaux marchands n'en font pas
eaucoup avec les écumeurs de mer, quand il les ont
leur pouvoir.

» Vous parlez bon anglais à présent, lui dis-je,
t je vous remercie. Quoique nous n'ayons aucune
art dans le crime dont vous venez de parler, et que
ous ayions acquis la propriété du vaisseau par les
oies les plus légitimes, je veux pourtant prendre
es précautions pour éviter le malheur dont votre
iscours me menace. » — « Prendre vos précautions,
onsieur! me répondit-il brusquement; vous vous
ervez d'une expression bien faible. La meilleure
récaution ici est de se mettre au plus vîte à
'abri du danger. Si vous vous intéressez à votre
ropre vie et à celle de tous vos gens, vous leverez
'ancre sans délai dès que l'eau sera haute; vous
rofiterez alors de toute la marée, et vous serez
éjà bien loin en mer, avant qu'ils puissent des-
endre jusqu'ici. Ils doivent se servir de la marée
out comme vous, et comme ils sont à vingt milles
'ici, vous les devancerez de deux bonnes heures,
t s'il fait un vent un peu gaillard, leurs chaloupes
'oseront pas vous donner la chasse en pleine
ner.

» Monsieur, lui dis-je, vous me rendez un service
très-important; que voulez-vous que je fasse pour
en témoigner ma reconnaissance? » — « Vous n'êtes
pas peut-être assez convaincu de la vérité de mon
avis, me répondit-il, pour avoir réellement envie
de m'en récompenser. Cependant, si vous parlez
sérieusement, j'ai une proposition à vous faire. On
me doit dix-neuf mois de paye dans le vaisseau avec

lequel je suis venu d'Angleterre, et il en est dû sept
à mon camarade le Hollandais; si vous voulez nous
les payer, nous suivrons votre fortune sans vous
rien demander de plus, si rien ne s'offre qui soit
capable de vous convaincre de la vérité de mon avis,
et si le contraire arrive, nous vous laisserons le
maître de nous récompenser comme vous le trouverez à propos. »

J'y consentis d'abord, et dans le moment même
je me fis mener au vaisseau avec eux. A peine en
étais-je approché que mon associé, qui était resté à
bord, monta sur le tillac, et me cria que la voie
d'eau venait d'être bouchée. « Dieu en soit loué, lui
dis-je; mais qu'on lève l'ancre au plus vite. » Et
pourquoi donc, me répondit-il, que voulez-vous
dire par là ? » — « Point de questions, lui répliquai-je ; que tout l'équipage mette la main à l'œuvre, et qu'on lève l'ancre dans le moment, sans
perdre une seule minute. »

Quoiqu'il fut extrêmement surpris de cet ordre,
il ne laissa pas d'appeler le capitaine, et de le lui
communiquer ; et quoique la marée ne fût pas encore
tout à fait haute, favorisés d'un vent frais qui venait de terre, nous ne laissâmes pas de mettre à la
voile. Je fis venir ensuite mon associé dans la
hutte ; je lui dis tout ce que je savais de cette
histoire, et les deux nouveaux venus en racontèrent
le reste.

Comme ce récit demandait du tems, un des matelots vint dire de la part du capitaine, que cinq
chaloupes fort chargées de monde nous donnaient
la chasse, ce qui nous fit voir évidemment que
l'avis que nous avions reçu n'était que trop bien
fondé. Là dessus je fis assembler tout l'équipage,
et je l'instruisis du dessein qu'on avait formé de
prendre notre vaisseau, et de nous traiter comme

des pirates; et je leur demandai s'ils étaient résolus à se défendre. Ils répondirent tous avec al-
légresse, qu'ils voulaient vivre et mourir avec
nous.

Comme j'étais du sentiment qu'il fallait se battre
jusqu'à notre dernier soupir, je voulus savoir du
capitaine ce qu'il fallait faire pour nous défendre avec succès. Il me dit qu'il serait bon de
tenir les ennemis en respect avec notre artillerie,
tant que nous pourrions; qu'ensuite il fallait
leur donner de bonnes salves de mousqueterie;
et si, malgré tout cela, ils approchaient du vaisseau, le meilleur parti serait de nous retirer
sous le tillac, qu'il leur serait peut-être impossible de mettre en pièces, faute d'outils nécessaires.

Nous donnâmes en même tems ordre au canonnier de placer près du gouvernail deux pièces chargées à cartouches, pour nétoyer le tillac en cas de
besoin; et dans cette posture nous attendîmes les
chaloupes gagnant toujours la haute mer, à l'aide
d'un vent favorable. Nous voyions distinctement
les chaloupes à peu de distance de nous: elles étaient
extrêmement grandes, montées d'un nombre de
gens, et elles faisaient force de voiles pour nous atteindre.

Il y en avait deux que, par nos lunettes d'approche, nous reconnûmes pour anglaises, qui
devançaient de beaucoup les autres, et gagnaient
sur nous considérablement. Quand nous les vîmes
sur le point de nous atteindre, nous tirâmes un coup
de canon sans boulets, pour leur donner le signal que nous voulions entrer en conférence avec
eux, et en même tems nous mîmes pavillon
blanc. Ils continuaient toujours à nous suivre,
en mettant au vent toutes les voiles qu'ils avaient;
et quand nous les vîmes à portée, nous mîmes

pavillon rouge , et leur tirâmes un coup de canon à boulets.

Ils ne laissèrent pas pour cela de pousser leur pointe ; et les voyant assez près de nous pour leur parler avec une trompette parlante, nous les arraisonnâmes, en les avertissant qu'il leur en prendrait mal s'ils approchaient davantage.

C'était parler à des sourds ; nous remarquâmes qu'ils faisaient tous leurs efforts pour venir sous notre poupe et pour attaquer le vaisseau par là. Là dessus, persuadé qu'ils se fiaient sur les forces qui les suivaient, je fis pointer sur eux, et les voyant vis-à-vis de notre bord, je leur fis tirer cinq coups de canon, un desquels emporta toute la poupe de la chaloupe la plus éloignée, ce qui força les matelots à baisser toutes les voiles, et à se jeter tous du côté de la proue, de peur d'aller à fond. Ce mauvais succès n'empêcha pas ceux de la chaloupe la plus avancée d'aller toujours en leur chemin.

Dans le tems que nous nous préparions à donner à celle-là son fait à part, une des trois qui suivaient s'en fut tout droit à celle qui venait d'être mise dans un si pitoyable état, et en tira tous les hommes. Cependant, nous raisonnâmes pour la seconde fois la chaloupe la plus avancée, en lui offrant une trève pour parlementer, et pour être informés de la raison de leur procédé. Point de réponse encore ; elle tâcha seulement de gagner notre poupe ; sur quoi notre canonnier, qui entendait son métier à merveille, lui tira encore deux coups de canon : ils manquèrent l'un et l'autre, ce qui porta ceux de la chaloupe à pousser un grand cri, en tournant leur bonnet à l'entour de la tête. Le canonnier s'étant préparé de nouveau, en moins de rien fit feu sur eux avec plus de succès, et quoiqu'il man

quât le corps de la chaloupe, un des coups
donna au beau milieu des matelots, et fit un effet
terrible. Trois autres coups, que nous leur tirâmes immédiatement, mirent presque tout en pièces, et leur emportèrent le gouvernail avec une pièce
de l'arrière, ce qui les mit dans un grand désordre.
Pour les achever, notre canonnier fit encore feu de
deux autres pièces, qui les accommodèrent si
bien, que nous vîmes la chaloupe sur le point
d'aller à fond, et plusieurs matelots déjà dans
l'eau.

Là dessus je fis d'abord armer la pinasse, que
nous avions tenue jusque-là tout près du vaisseau,
et je donnai ordre à nos gens d'empêcher nos
ennemis de se noyer, d'en prendre autant qu'ils
pourraient, de revenir avec eux à bord dans
le moment ; car nous voyions déjà les autres
chaloupes avancer sur nous avec toute la vitesse
possible.

Nos gens suivirent ponctuellement mes ordres.
Ils en prirent trois, parmi lesquels il y en avait un
sur le point de se noyer, que nous eûmes bien
de la peine à faire revenir à lui. Dès que nous
les eûmes à bord, nous fîmes force de voiles pour
gagner la haute mer, et nous vîmes que, quand
les trois dernières chaloupes avaient joint les deux
autres, elles avaient jugé à propos d'abandonner la
chasse.

Délivré d'un si grand danger, auquel je n'avais
pas le moindre lieu de m'attendre, je résolus de chan-
ger de cours, et d'ôter par là le moyen à qui que ce
fût de deviner où nous avions dessein d'aller. Nous
courûmes du côté de l'est, hors de la route de tous
les vaisseaux européens.

N'ayant plus rien à craindre alors, nous question-
nâmes nos deux nouveaux venus sur les motifs de toute
cette entreprise qu'on avait faite contre nous, et le

Hollandais nous en découvrit tout le mystère. Il nous dit que celui qui nous avait vendu le vaisseau n'était qu'un scélérat qui s'en était emparé après que le capitaine (dont il nous dit le nom sans que je m'en puisse souvenir à présent) eut été tué par les insulaires avec trois de ses gens. Il avait été lui même de cet équipage là, et s'était échappé des mains des Barbares, s'étant jeté dans un bois avec trois autres ; et il avait été obligé de s'y cacher quelque tems. Ensuite il s'était sauvé lui seul d'une manière miraculeuse, en abordant à la nage la chaloupe d'un vaisseau hollandais qui revenait de la Chine, et qui s'était mis à l'ancre sur cette côte pour faire aiguade.

Quand il eut été quelque tems à *Batavia* (1), il y arriva deux hommes de ce vaisseau qui avaient abandonné leurs compagnons pendant le voyage : ils avaient rapporté que le canonnier qui s'était enfui avec le navire l'avait vendu dans le port de Bengale à une troupe de pirates, qui, s'étant mis à croiser, avaient déjà pris un bâtiment anglais et deux hollandais, très-richement chargés.

Cette dernière partie du discours nous embarrassa fort; quoique nous en connussions toute la fausseté, nous vîmes évidemment que, si nous étions tombés entre les mains de ceux qui venaient de nous donner la chasse si chaudement, c'aurait été fait de nous. En vain aurions-nous défendu notre innocence contre des gens si terriblement préve-nus, qui auraient été nos accusateurs et en même tems nos juges, et dont nous n'aurions dû attendre

_____

(1) *Belle, grande et très-forte ville d'Asie, dans l'île de Java, appartenant aux Hollandais.*

que tout ce que la rage peut inspirer et faire exécuter à des hommes qui ne sont pas maîtres de leurs passions.

Cette considération fit croire à mon associé que le meilleur parti pour nous était celui de retourner au Bengale, sans toucher à aucun port. Nous pouvions nous justifier là sans peine, en faisant voir où nous avons été quand le navire en question y était entré, de qui nous l'avions, et de quelle manière; et si l'affaire avait été débattue devant les juges, nous étions sûrs de n'être pas pendus sur-le-champ, et de recevoir ensuite notre sentence.

Je fus d'abord de l'opinion de mon associé; mais je la rejetai après y avoir songé plus mûrement; puisque nous nous trouvions du côté du détroit de Malacca (1), nous ne pouvions retourner au Bengale, sans courir les plus grands dangers. Le bruit de notre crime prétendu et de la mauvaise réception que nous avions faite à nos agresseurs devait avoir donné l'alarme partout, et nous devions être guettés en chemin par tous les vaisseaux anglais et hollandais. D'ailleurs, notre retour aurait eu tout l'air d'une fuite, et il n'en fallait pas davantage pour nous condamner sur l'étiquette du sac. Je communiquai ces réflexions à l'Anglais qui nous avait découvert la conspiration contre nous, et il ne les trouva que trop solides.

Là dessus nous résolûmes d'aller chercher la côte de Tunquin (2), et de là celle de la Chine, en

_____

(1) *Grande presqu'île des Indes.*

(2) *L'un des plus beaux et des plus considérables royaumes de l'Asie.*

6.

poursuivant notre dessein de négocier, de vendre quelque part notre vaisseau, et de nous en retourner avec quelque vaisseau du pays. Ces mesures nous parurent les meilleures pour notre sûreté, et nous fîmes cours nord-nord-est, en nous mettant plus au large de cinquante lieues que n'était la route ordinaire.

Ce parti nous jeta dans quelques inconvéniens. A cette hauteur, nous trouvâmes les vents plus constamment contraires, venant d'ordinaire de l'est-nord-est, ce qui devait faire durer très-long-tems notre voyage, et malheureusement nous étions assez mal pourvus de vivres. D'ailleurs il y avait à craindre que quelques-uns des vaisseaux dont les chaloupes nous avaient attaqués, et qui étaient destinés pour les mêmes endroits, n'entrassent dans ces ports avant nous, ou que quelque autre navire, informé de tout ce qui venait de se passer, ne nous poursuivît avec toute l'opiniâtreté possible.

J'avoue que j'étais dans une très-fâcheuse situation, et que je me croyais dans les circonstances les plus désagréables où je me fusse trouvé. Je n'avais jamais commis le moindre acte frauduleux, bien loin de mériter le titre de voleur ou de pirate. Toute ma mauvaise conduite depuis ma jeunesse avait consisté à être mon propre ennemi, et c'était la première fois de ma vie que j'avais couru risque d'être traité comme un criminel du plus bas ordre. J'étais parfaitement innocent; mais il ne m'était pas possible de donner des preuves convaincantes de mon innocence.

Mon associé me voyant abîmé dans une profonde mélancolie, quoiqu'il eût été d'abord aussi embarrassé que moi, commença à me donner courage; et me faisant une exacte description des différens ports de cette côte, il me dit qu'il était d'avis de chercher un asile dans la Cochinchine (1), ou dans la baie de Tunquin, d'où nous pouvions gagner Macao (2), ville qui avait autrefois appartenu aux Portugais, et où il y avait encore un bon nombre de familles européennes, et surtout des missionnaires qui y étaient venus dans l'intention de se transporter dans la Chine.

Nous nous en tînmes à cette résolution; et après un voyage fort ennuyeux, dans lequel nous avions beaucoup souffert par la disette des vivres, nous découvrîmes la côte de *Cochinchine*, et nous prîmes le parti d'entrer dans une petite rivière, où il y avait pourtant assez d'eau pour notre bâtiment, résolus de nous informer ou par terre, ou par le moyen de notre pinasse, s'il y avait quelques vaisseaux dans les ports d'alentour.

La précaution que nous avions prise d'entrer dans cette petite rivière nous tira d'affaire fort heureusement. Quoique nous ne vissions pas d'abord des vaisseaux dans la baie de Tunquin, cependant le lendemain matin nous y vîmes entrer deux vaisseaux hollandais, et un autre sans couleur, que nous prîmes pourtant pour hollandais aussi, passa à deux lieues de nous, faisant cours vers la côte de la Chine. L'après-dînée nous aperçûmes encore deux bâtimens anglais, qui prenaient la même route; ainsi nous étions bien heureux d'être cachés dans cet asile, dans le tems que nous étions environnés de tous côtés par un si grand nombre d'ennemis.

---

(1) *Royaume maritime d'Asie, où l'on trouve de l'or, des perles et de l'ivoire.*

(2) *Ville de la Chine.*

Nous n'étions pas pourtant tout à fait à notre aise : le pays où nous étions entrés était habité par les gens les plus barbares, qui étaient voleurs non-seulement de naturel, mais encore de profession Dans le fond, nous n'avions rien à faire avec eux ; excepté le soin de faire quelques provisions, nous ne souhaitions pas d'avoir avec eux le moindre commerce. Néanmoins nous eûmes bien de la peine à nous défendre de leurs insultes.

La rivière où nous étions n'était distante que de quelques lieues des dernières bornes septentrionales de tout le pays, et en côtoyant avec notre chaloupe, nous découvrîmes la pointe de tout le royaume au nord-est, où s'ouvre la grande baie de *Tunquin*. C'est en suivant les côtes de cette manière, que nous avions découvert les vaisseaux ennemis dont nous étions environnés de tous côtés. Les habitans de l'endroit où nous nous trouvions étaient précisément, comme je l'ai déjà dit, les plus barbares de toute cette côte, n'ayant aucun commerce avec aucun autre peuple, et ne vivant que de poissons, d'huile et des vivres les plus grossiers. Une marque évidente de leur barbarie excessive était l'abominable coutume qu'ils avaient de réduire en esclavage tous ceux qui avaient le malheur de faire naufrage sur leur territoire, et nous en vîmes bientôt un échantillon de la manière suivante :

J'ai observé ci-dessus que notre navire s'était fait une voie d'eau au milieu de la mer, sans qu'il nous eût été possible de la découvrir. Quoiqu'elle eût été bouchée d'une manière aussi peu attendue qu'heureuse, dans l'instant même que nous allions être assaillis par les chaloupes anglaises et hollandaises, cependant n'ayant pas trouvé le bâtiment aussi sain que nous l'aurions bien voulu, nous résolûmes d'en tirer tout ce qu'il y avait de plus pesant, et de le mettre sur le côté pour le nétoyer, et pour trouver la voie d'eau s'il était possible.

Conformément à cette résolution, ayant mis d'un seul côté les canons, et tout ce qu'il y avait de plus pesant dans le vaisseau, nous fîmes de notre mieux pour le renverser, afin de pouvoir venir jusqu'à la quille.

Les habitans, qui n'avaient jamais rien remarqué de pareil, descendirent aussitôt vers le rivage, et voyant le vaisseau renversé de ce côté-là, sans apercevoir nos gens qui travaillaient dans les chaloupes et sur des échafaudages du côté qui leur était opposé, ils s'imaginèrent d'abord que le bâtiment avait fait naufrage, et qu'en échouant il était tombé sur le côté de cette manière.

Dans cette supposition ils vinrent, environ trois heures après, ramer vers nous avec dix ou douze grandes barques montées chacune de huit hommes, résolus, selon toutes les apparences, de piller le vaisseau, et de mener ceux de l'équipage qu'ils trouveraient vers leur roi, ou capitaine; car nous n'avons pu rien apprendre de la forme de leur gouvernement : ce qu'il y a de sûr, c'est qu'en ce cas-là l'esclavage était une chose à laquelle nous devions nous attendre.

Etant avancés du côté du vaisseau, ils se mirent à ramer tout autour, et ils nous découvrirent travaillant de toutes nos forces à la quille et au côté du navire pour le nétoyer, pour le boucher et pour lui *donner le suif.*

Au commencement, ils ne firent que nous contempler avec attention, sans qu'il nous fût possible de deviner leur dessein. Cependant, à tout hasard, nous nous servîmes de cet intervalle pour faire entrer quelques-uns de nos gens dans le vaisseau, afin que de là ils donnassent des armes et des munitions à ceux qui travaillaient, pour se défendre en cas de besoin.

Il fut bientôt tems de s'en servir ; car après avoir consulté ensemble pendant un quart-d'heure, et conclu apparemment que le vaisseau était échoué, et que nous ne travaillions que pour le sauver, ou pour nous sauver nous-mêmes par le moyen de nos chaloupes, dans lesquelles ils nous voyaient porter nos armes, ils avancèrent sur nous comme sur une proie certaine.

Nos gens les voyant approcher en si grand nombre, commencèrent à s'effrayer ; ils étaient dans une assez mauvaise posture pour se défendre, et ils nous crièrent de leur ordonner ce qu'ils devaient faire. Je commandai d'abord à ceux qui étaient sur l'échafaudage de tâcher de se mettre dans le vaisseau au plus vîte, et à ceux qui étaient dans les chaloupes, d'en faire le tour et d'y entrer aussi. Pour nous, qui étions à bord, nous fîmes tous nos efforts pour redresser le bâtiment. Cependant, ni ceux de l'échafaudage, ni ceux des chaloupes ne purent exécuter nos ordres, parce qu'un moment après ils avaient les barbares sur les bras : déjà deux de leurs barques avaient abordé notre pinasse, et se saisissaient de nos gens comme de leurs prisonniers.

Le premier sur qui ils mirent la main était un Anglais, garçon aussi brave que robuste : il avait un mousquet à la main ; mais au lieu de s'en servir, il le jeta dans la chaloupe : ce que je pris d'abord pour une imprudence qui allait jusqu'à la stupidité ; mais il me désabusa bientôt ; car il prit le drôle qui l'avait saisi par les cheveux, et l'ayant tiré de sa barque dans la nôtre, il lui cogna la tête contre un des bords de la chaloupe, d'une telle

...et Voyant deux cochinchinois du coté
où il était, il les arrosa de poix bouillante.

force, qu'il lui en fit sortir la cervelle dans le moment.

En même tems un Hollandais, qui était à côté de lui, ayant pris le mousquet par le canon, en fit le moulinet de si bonne grâce, qu'il terrassa cinq ou six des ennémis qui voulaient se jeter dans la chaloupe.

Ce n'en était pas assez pour repousser trente ou quarante hommes qui se jetaient avec précipitation dans la pinasse, où ils ne s'attendaient à aucun danger et où il n'y avait que huit hommes pour la défendre, mais un accident des plus burlesque nous donna une victoire complète.

Notre charpentier se préparant à *suiver* et à *goudronner* le dehors du vaisseau, venait de faire descendre dans la pinasse deux chaudrons, l'un plein de poix bouillante, et l'autre de poix résine, d'huile, de suif, et d'autres matières semblables ; l'aide du charpentier avait encore dans la main un grand cuiller de fer avec lequel il fournissait aux autres cette liqueur chaude, et voyant deux de nos *Cochinchinois* entrer du côté où il était, il les arrosa d'une cuillerée de cette matière. qui les força à se jeter à la mer, mugissant comme deux taureaux.

« C'est bien fait, *Jean*, s'écria là dessus le charpentier ; ils trouvent la soupe bonne, donne-leur encore une écuellée. » En même tems il court de ce côté-là avec un de ces torchons qu'on attache à un bâton, pour laver le vaisseau, et le trempant dans la poix, il en jette une si grande quantité sur ces voleurs, dans le tems que *Jean*, avec son cuiller, la leur prodiguait si libéralement, qu'il n'y eut pas un seul homme dans les trois barques ennemies, qui ne fût misérablement grillé. L'effet en était d'autant plus grand et plus prompt, que ces malheureux étaient presque tout nus, et je puis dire que de mes jours je n'ai entendu de cris plus affreux que ceux que poussèrent alors ces pauvres *Cochin-chinois*.

C'est une chose digne de remarque, que, quoique la douleur fasse pousser des cris à tous les peuples du monde, cependant ces cris sont tout aussi différens que leurs différens langages. Je ne saurais mieux nommer le son qui frappa pour lors nos oreilles, qu'un hurlement, et je n'ai jamais rien entendu qui en approchât davantage, que le bruit affreux que firent les loups qui vinrent m'attaquer autrefois dans le Languedoc.

Jamais victoire ne me fit plus de plaisir, non-seulement parce qu'elle nous délivra d'un danger qui sans cet expédient, aurait été très-grand, mais surtout parce qu'elle fut remportée sans répandre de sang et sans tuer personne, excepté celui à qui notre Anglais avait cassé la tête contre le bord de la chaloupe. J'aurais été au désespoir de faire périr ces malheureux, quoiqu'en défendant ma propre vie, parce que je savais qu'ils n'avaient pas la moindre notion de l'injustice qu'ils commettaient en nous attaquant. Je sais que la chose, étant nécesaire, aurait été juste, parce qu'il ne peut pas y avoir de crime à se défendre : mais je crois que la vie a bien de l'amertume, quand on s'est vengé en tuant son prochain, et j'aimerais mieux souffrir d'assez grandes insultes, que de faire périr mon agresseur. Je pense même que tous ceux qui réfléchissent et qui connaissent le prix de l'humanité sont de mon sentiment. J'en reviens à mon histoire :

Pendant cette bataille comique, nous avions, mon associé et moi, si bien employé les gens que nous avions à bord, que le vaisseau fut enfin redressé. Les canons étaient déjà remis dans leurs places, et le canonnier me pria d'ordonner à ceux de nos chaloupes de se retirer, parce qu'il voulait faire feu sur les ennemis.

Je lui dis de n'en rien faire, et que le charpentier nous en délivrerait bien sans le secours du canon; j'ordonnai seulement au cuisinier de faire chauffer une autre chaudronnée de poix. Mais heureusement nous n'en eûmes que faire; les pauvres diables étaient si mécontens de leur premier assaut, qu'ils n'avaient garde d'en tenter un second. D'ailleurs ceux qui étaient le plus éloignés de nous, voyant le vaisseau redressé et à flot, commençait apparemment à sentir leur méprise, et par conséquent ils ne trouvaient pas à propos de pousser plus loin leur dessein.

C'est ainsi que nous nous tirâmes d'affaire d'une manière divertissante : et ayant porté à bord, quelques jours auparavant, seize bons cochons gras, du riz, des racines et du pain, nous résolûmes de remettre en mer à quelque prix que ce fût, persuadés que, le jour d'après, nous nous trouverions environnés d'un si grand nombre de *Cochinchinois*, que nos *chaudrons* auraient de la peine à fournir à tous leurs besoins.

Le même soir donc, nous portâmes toutes nos affaires dans le vaisseau, et le lendemain matin nous fûmes en état de faire voile. Nous trouvâmes bon néanmoins de nous tenir à l'ancre à quelque distance, ne craignant pas les ennemis, parce que nous étions en bonne posture pour les attendre. Le jour suivant, ayant achevé tout ce que nous avions à faire à bord, et voyant que nos voies d'eau étaient parfaitement bouchées, nous mîmes à la voile. Nous aurions fort souhaité d'entrer dans la baie de *Tunquin*, pour savoir ce qu'étaient devenus les vaisseaux hollandais qui y avaient été ; mais nous y avions vu entrer plusieurs autres bâtimens depuis peu, et par conséquent nous n'osâmes pas nous y hasarder. Nous fîmes donc cours du côté du nord-est vers l'île *Formosa* (1), ayant aussi grand'peur de rencontrer quelque vaisseau anglais ou hollandais, qu'un vaisseau marchand européen voguant dans la Méditerranée a peur de rencontrer un vaisseau de guerre *algérien*.

Nous fîmes d'abord cours nord-est, comme si nous voulions aller aux îles Manilles ou aux îles Philippines, afin d'être hors de route des vaisseaux européens, et ensuite nous tournâmes vers le nord jusqu'à ce que nous vinssions au vingt-deuxième degré trois minutes de latitude, et de cette manière nous arrivâmes à l'île *Formosa*. Nous y mîmes à l'ancre pour prendre de l'eau fraîche et d'autres provisions; nous en fûmes fournis abondamment par le peuple, qui nous fit voir beaucoup d'intégrité dans tout le commerce que nous fîmes avec lui. Peut-être ces bonnes manières et cette probité sont-elles dues au Christianisme qui a été autrefois planté dans cette île par des missionnaires hollandais. Ce qui confirme une remarque que j'ai toujours faite, touchant la religion chrétienne, partout où elle est reçue; qu'elle y produise des effets sanctifians ou non, elle civile les nations, et du moins elle réforme leurs manières.

De là nous continuâmes à faire cours du côté du nord, en nous tenant toujours à une distance égale des côtes; de cette manière nous passâmes pardevant tous les ports où les vaisseaux européens sont accoutumés de relâcher, bien résolus de faire tous nos efforts pour ne pas tomber entre leurs mains. Il est sûr, si ce malheur nous était arrivé, surtout

(1) *Grande île de la mer chinoise.*

dans ce pays-là, que nous étions perdus, et j'en
avais tellement peur en mon particulier, que j'aurais mieux aimé me trouver entre les griffes de l'inquisition.

Étant parvenus alors à la latitude de trente-trois
degrés, nous résolûmes d'entrer dans le premier
port que nous trouverions, et pour cet effet nous
avançâmes du côté du rivage. Nous n'en étions
qu'à deux lieues, quand une barque vint à notre
rencontre, avec un vieux pilote portugais, qui
voyant que notre vaisseau était européen, venait
pour nous offrir ses services. Cette offre nous fit
plaisir, et nous le prîmes à bord. Sur quoi, sans nous
demander où nous avions envie d'aller, il renvoya
sa barque.

Nous étions alors les maîtres de nous faire mener
où nous le trouvions bon, et je proposai au
bon vieillard de nous conduire *au golfe de
Nanquin* (1), qui est dans la partie la plus septentrionale de la côte de la Chine. Il nous répondit qu'il connaissait fort bien ce golfe; mais
qu'il était fort curieux de savoir ce que nous y voulions faire.

Je lui dis que nous avions envie d'y vendre
notre cargaison, et d'acheter à la place des por-
celaines, des toiles peintes, des soies crues et
des soies travaillées, etc. Il nous répondit qu'à
ce compte le meilleur port pour nous aurait été
celui de Macao, où nous aurions pu nous défaire de
notre opium très-avantageusement, et acheter des
denrées de la Chine à aussi bon marché qu'à *Nanquin*.

Pour mettre fin au discours de notre pilote, qui

_____

(1) *Fameuse ville de la Chine.*

était fort circonstancié, nous lui dîmes que nous n'étions pas seulement marchands, mais encore voyageurs, que notre but était d'aller voir la grande ville de *Pékin* (1), et la cour du fameux monarque de la Chine. — Vous feriez donc fo t bien, répondit-il, d'aller vers Ningpo, d'où, par la rivière qui se jette là dans la mer, vous pouvez gagner en peu d'heures le grand canal. » Ce canal qui est par tout navigable, passe par le cœur de tout le vaste empire chinois, croise toutes les rivières, et traverse plusieurs collines par le moyen de portes et d'échelles, et s'avance jusqu'à *Pékin*, parcourant une étendue de deux cent soixante-douze lieues.

« Voilà qui est fort bien, seigneur portugais, lui répondis-je; mais ce n'est pas cela dont il s'agit, nous vous demandons seulement si vous pouvez nous conduire à *Nanquin*, d'où nous puissions ensuite a ler facilement à la cour du roi de la Chine. » Il me dit qu'il le pourrait faire fort aisément, et que depuis peu un vaisseau hollandais avait pris précisément la même route. Cette circonstance n'était guère propre à me plaire, et j'aurais autant aimé rencontrer le diable, pourvu qu'il ne fût pas venu dans une figure trop effrayante, que des vaisseaux hollandais, qui, négociant dans ces pays, sont beaucoup plus gros et mieux équipés que n'était le nôtre.

Le vieillard me trouvant consterné au seul nom d'un vaisseau hollandais, me dit que nous ne devions pas être alarmés de ce qu'il venait de nous dire, puisque les Hollandais n'étaient point en

---

(1) *Capitale de la Chine, et résidence ordinaire de l'empereur.*

ierre avec notre nation. — « Il est vrai, lui ré-
ondis-je, mais on ne sait pas de quelle manière ces
ens là nous traiteraient, dans un pays où ils sont
ors de la justice. — Il n'y a rien à craindre, re-
artit-il; vous n'êtes point pirates, et ils n'attaque-
ont point des marchands qui ne cherchent qu'à faire
aisiblement leurs affaires. »

Si à ce discours tout mon sang ne me monta
as au visage, c'est apparemment parce que la na-
ire avait ménagé quelque obstruction, dans quelque
aisseau, pour en arrêter le cours. J'étais dans un si
rand désordre, qu'il n'était pas possible que notre
'ortugais ne s'en aperçut.

« Monsieur, me dit-il, il semble que mon dis-
ours vous fasse de la peine; vous irez où vous le
rouverez à propos, et soyez sûr que je vous ren-
Irai tous les services dont je suis capable. — Il
st vrai, seigneur portugais, lui répondis-je : je suis
lans une assez grande irrésolution touchant la route
[u'il faudra prendre parce que vous venez de par-
er de pirates; je souhaite qu'il n'y en ait point
lans ces mers ici. Nous ne sommes guère e état
le leur faire tête; vous voyez que notre navire n'est
as des plus gros, et que l'équipage en est assez
aible. »

— » Vous pouvez dormir en repos là dessus, me
lit-il; aucun pirate n'a paru dans ces mers depuis
[uinze ans, excepté un seul qu'on a vu il y a environ
in mois dans la baie de Siam, mais il est sûr qu'il a
iré du côté du sud; d'ailleurs ce n'est point un vaisseau fort considérable et propre à ce métier. C'est un
vaisseau marchand avec lequel l'équipage s'est enfui
prés la mort du capitaine, qui a été tué dans l'île de
Sumatra.

— » Comment, dis-je, faisant semblant de ne rien
savoir de cette affaire, ces coquins ont-ils tué leur

2.

propre capitaine ? — Je ne peux pas dire, répondit-il, qu'ils l'ont massacré eux-mêmes ; mais comme dans la suite ils se sont rendus maître du vaisseau, il y a beaucoup d'apparence qu'ils l'ont trahi, et qu'ils l'ont livré à la cruauté des Indiens. — A ce compte là, dis-je, ils ont autant mérité la mort que s'ils l'avaient massacré de leurs propres mains. — Sans doute, répartit le bon vieillard ; aussi seront-ils punis selon leur mérite, s'ils sont rencontrés par les Anglais ou par les Hollandais ; car ils sont tous convenus ensemble de ne leur point donner de quartier s'ils tombent entre leurs mains. »

Je lui demandai là dessus comment ils pouvaient espérer de rencontrer ce pirate, puisqu'il n'était plus dans ces mers. « On l'assure, reprit-il ; mais ce qu'il y a de certain, c'est qu'il a été dans la rivière de *Cambodia*, et qu'il y a été découvert par quelques Hollandais qu'il avait laissés à terre en se rendant maître du vaisseau. Il est certain encore que quelques marchands anglais et hollandais, qui se trouvaient alors dans la même rivière, ont été sur le point de le prendre. Si leurs premières chaloupes, continua-t-il, avaient été secondées comme il faut par les autres, il aurait été pris indubitablement ; mais ne voyant que deux chaloupes à portée, il fit feu dessus, et les mit hors d'état avant que les autres fussent à portée ; il gagna ensuite la haute mer, et il ne fut pas possible aux chaloupes de continuer à le poursuivre. Mais on a une description si exacte de ce bâtiment, qu'on le reconnaîtra sans peine partout où on le trouvera, et l'on a résolu unanimement de faire pendre à la grande vergue le capitaine et l'équipage, si jamais on peut s'en rendre maître. »

— « Comment, dis-je, ils les exécuteront sans aucune formalité ? Ils commenceront par les faire pendre, et ensuite ils leur feront leur procès ? — Bon ! monsieur, me répondit-il, de quelle formalité voulez-vous qu'on se serve avec de pareils scélérats ? Il suffit de les jeter dans la mer pour s'épargner la peine de les pendre : ces coquins là n'auront que ce qu'ils méritent. »

Voyant que le vieux Portugais ne pouvait pas quitter notre bord, et nous faire le moindre mal, je lui dis vivement : « Voilà justement la raison pourquoi je veux que vous nous meniez à *Nankin*, et non pas à *Macao* ou à quelqu'autre port fréquenté par les Anglais et par les Hollandais. Sachez que ces capitaines dont vous venez de parler sont des insolens et des étourdis qui ne savent pas ce que c'est que la justice, et qui ne se conduisent ni selon la loi divine, ni selon la loi naturelle. Ils sont assez inconsidérés pour se hasarder à devenir meurtriers, sous prétexte de punir des voleurs, puisqu'ils veulent faire exécuter des gens faussement accusés, et pour les traiter en criminels sans se donner la peine de les examiner et d'entendre leur défense. Dieu me fera la grâce peut-être de vivre assez long-tems pour en rencontrer quelques-uns dans des endroits où l'on pourra leur apprendre de quelle manière il faut administrer la justice. »

Là dessus je lui déclarai naturellement que le vaisseau où il se trouvait était justement celui qu'ils avaient attaqué avec cinq chaloupes, d'une manière aussi lâche que mal conduite. Je lui contai en détail comment nous avions acheté notre navire de certains Hollandais, et comment nous avions appris dans la suite que c'étaient des coquins qui s'étaient enfuis avec le vaisseau, après que leur capitaine avait été assassiné par les Indiens de Sumatra ; mais je l'assurai que de dire que cet équipage s'était mis à pirater, c'était

débiter une fable inventée à plaisir ; que mes ennemis auraient sagement fait de creuser cette affaire avant de nous attaquer, et qu'ils répondraient
devant Dieu du sang qu'ils nous avaient forcés de
répandre.

Le bon vieillard fut extrêmement surpris de ce
récit, et nous dit que nous avions raison de ne
pas vouloir aller du côté du nord. Il nous conseilla
de vendre notre navire dans la Chine, et d'en acheter ou d'en bâtir un autre. « Vous n'en trouverez
pas un si bon que le vôtre, ajouta-t-il, mais il vous
sera aisé d'en avoir un capable de vous ramener
au Bengale avec vos gens et avec vos marchandises. »

Je lui dis que je profiterais de son conseil de tout
mon cœur, dès que je pourrais trouver un bâtiment à ma fantaisie, et un marchand pour le mien.
Il m'assura qu'il y avait à *Nanquin* des gens
de reste qui seraient ravis d'acheter notre vaisseau : qu'une jonque chinoise suffirait pour m'en
retourner, et qu'il me trouverait sans peine des
gens qui m'achèteraient l'un, et qui me vendraient
l'autre.

« Mais, lui dis-je, vous dites que notre vaisseau
sera indubitablement reconnu, et par conséquent
si je prends les mesures que vous me conseillez,
je puis jeter par là d'honnêtes gens dans un terrible péril, et être la cause de leur mort. Il suffira
à ces capitaines de trouver le vaisseau pour qu'ils
se mettent dans l'esprit qu'ils ont trouvé aussi
les criminels, et qu'ils massacrent de sang-froid
des gens qui n'ont jamais songé à les offenser. »

« Je sais le moyen de prévenir cet inconvénient,
me répondit le bon vieillard : je connais les com-
mandans de tous ces vaisseaux, et je les verrai
quand ils passeront par ici : je ne manquerai pas de

leur faire connaître leur erreur, et de leur dire que, quoiqu'il soit vrai que le premier équipage s'en est allé avec le navire, il est faux pourtant qu'il s'en soit jamais servi pour exercer la piraterie. Je leur apprendrai surtout, que ceux qu'ils ont attaqué dans la baie de Siam, ne sont pas les mêmes gens, mais que ce sont d'honnêtes marchands qui ont acheté le vaisseau de quelques scélérats qu'ils en croyaient les propriétaires. Je suis persuadé que du moins ils s'en fieront assez à moi pour agir avec plus de précaution qu'ils n'avaient d'abord projeté. »

— « Eh bien! lui dis-je, si vous les rencontrez, voulez-vous bien vous acquitter d'une commission que je vous donnerai pour eux ? »

— « Oui dà, me répondit-il, pourvu que vous me la donniez par écrit, afin qu'ils voient clairement qu'elle vient de vous, et que je ne l'ai pas forgée de mon chef. » Là dessus je me mis à écrire; et après avoir détaillé toute l'histoire de l'attaque des chaloupes, que j'avais été obligé de soutenir, et développé la fausseté des raisons qui les avaient portés à me faire cette insulte, dans le dessein de me traiter avec toute l'inhumanité possible, je finis en les assurant que, si j'avais le bonheur de les reconnaître jamais en Angleterre, je les en paierais avec usure, à moins que les lois de ma patrie n'eussent perdu toute autorité pendant mon absence.

Notre vieux pilote lut et relut cet écrit à différentes reprises, et me demanda si j'étais prêt à y soutenir tout ce que j'y avançais. Je lui dis que je le soutiendrais tant qu'il me resterait un sou de bien, et que j'étais très-sûr de trouver une occasion de faire repentir ces messieurs de la précipitation de leur cruel dessein. Mais je n'eus point occasion d'envoyer le Portugais avec cette lettre; car il ne nous quitta point, comme on le verra dans la suite.

Pendant ces conversations, nous avancions toujours du côté de *Nanquin*, et après treize jours de navigation, nous mîmes à l'ancre au sud-ouest du grand golfe, où par hasard nous apprîmes que deux vaisseaux hollandais venaient de passer, et nous en conclûmes qu'en continuant notre route, nous tomberions infailliblement entre leurs mains.

Après avoir consulté sur ce terrible inconvénient avec mon associé, qui était aussi embarrassé que moi, et aussi résolu sur le parti qu'il fallait prendre, je m'adressai au vieux pilote pour lui demander s'il n'y avait pas près de là quelque baie ou quelque rade où nous puissions entrer, pour faire notre commerce particulier avec les Chinois, sans être en danger. Il me dit si je voulais aller du côté du sud, l'espace d'environ quarante-deux lieues, j'y trouverais un petit port nommé *Quinchang*, où les missionnaires débarquaient d'ordinaire en venant de *Macao*, pour aller prêcher dans la Chine la religion chrétienne, et où jamais les vaisseaux européens n'entraient. Qu'étant là, je pourrais prendre des mesures pour le reste du voyage : que, dans le fond, ce n'était pas un endroit fréquenté par les marchands, excepté dans certain tems de l'année, qu'il y avait une foire, où les marchands Japonais venaient se pourvoir de denrées de la Chine.

Nous convînmes tous de faire cours vers ce port, dont peut-être j'orthographie mal le nom. Je l'avais écrit avec ceux de plusieurs autres endroits, dans un petit mémoire que l'eau a gâté malheureusement par un accident ; je me souviens fort bien que les *Chinois* et les *Japonnais* donnaient à ce petit port un nom tout différent de celui que lui donnait notre pilote portugais, et qu'il le prononçait *Quin-chang.*

Le jour après que nous nous fûmes fixés à cette ré-solution, nous levâmes l'ancre, n'ayant été que deux fois à terre pour prendre de l'eau fraîche et des pro-visions, comme racines, thé, riz, quelques oiseaux, etc. Les gens du pays nous en avaient apporté en abon-dance, pour notre argent, d'une manière fort civile et fort intègre.

Les vents étant contraires, nous voguâmes cinq jours entiers avant que de surgir à ce port : nous y entrâmes avec toute la satisfaction imaginable. Pour moi, quand je me sentis sur terre, j'étais plein de re-connaissance envers le ciel, et je résolus, aussi bien que mon associé, de ne jamais mettre le pied dans ce malheureux navire, s'il nous était possible de nous débarrasser de nos marchandises, quand même ce serait d'une manière peu avantageuse.

Je ne saurais m'empêcher de remarquer ici, que e toutes les conditions de la vie, il n'y en a au-une qui rende un homme si parfaitement misérable u'une crainte continuelle. L'écriture sainte nous it avec beaucoup de raison que : « la peur sert de iége à l'homme. » C'est une mort perpétuelle, et lle accable tellement l'esprit, qu'il est inacces-sible au moindre soulagement ; elle étouffe nos es-rits animaux, et abat toute cette vigueur naturelle ui nous soutient dans des afflictions d'une autre ature.

Mon imagination, qui en était saisie d'une ma-nière affreuse, ne manquait pas de me représen-ter le danger bien plus grand qu'il n'était réelle-ment ; elle me dépeignait les capitaines anglais et hollandais comme des gens absolument incapables d'entendre raison, et de distinguer entre des scélé-rats et d'honnêtes gens, entre une fable inventée pour les tromper, et entre l'histoire véritable et suivie de nos voyages et de nos projets. Rien n'était plus facile pour nous, dans le fond, que de faire voir clairement à toute personne un peu sensée que nous n'étions rien moins que des pirates. L'opium et les autres marchandises que nous avions à bord prouvaient clairement que nous avions été au Bengale, et les Hollandais qui, à ce qu'on disait, avaient les noms de tous ceux de l'autre équipage, devaient remarquer du premier coup-d'œil que nous étions un mélange d'Anglais, de Portugais et d'Indiens, parmi lesquels il ne se trouvait que deux Hollandais. En voilà plus qu'il ne me fallait pour convaincre le premier capitaine qui nous aurait rencontrés, de notre innocence et de son erreur.

Mais la peur, cette passion aussi aveugle qu'inutile, nous remplit le cerveau de trop de vapeurs pour y laisser une place à la plus grande vraisemblance. Nous regardions toute cette affaire du mauvais côté; nous savions que les gens de mer Anglais et Hollandais, et particulièrement les derniers, étaient si animés au seul nom de pirates qui s'étaient échappés de leurs mains, en ruinant une partie des chaloupes qu'on avait envoyées pour les prendre, que nous étions persuadés qu'ils ne voudraient pas seulement nous entendre parler, et qu'ils prendraient pour une preuve convaincante de notre crime prétendu, la figure du vaisseau qu'ils connaissaient parfaitement bien, et notre fuite de la rivière de Cambodia. Pour moi, j'étais assez ma propre dupe pour m'imaginer que, si j'étais dans leur cas, j'agirais tout de même, et que je taillerais tout l'équipage en pièces, sans daigner écouter sa défense.

Pendant que nous avions été dans ces inquiétudes, mon associé et moi, nous n'avions pas pu

fermer l'œil sans rêver à des cordes et à des
grandes vergues : une nuit entre autres, songeant
qu'un vaisseau hollandais nous avait abordés, je fus
dans une telle fureur que, croyant assommer un
matelot ennemi, je donnai un coup de poing contre
un pillier de mon lit, d'une telle force, que je
m'écrasai les jointures, ce qui me fit courir risque
de perdre deux de mes doigts. Une chose qui me
confirma encore, davantage dans l'idée que nous
serions maltraités par les Hollandais, si nous étions
dans leur pouvoir, c'est ce que j'avais entendu
dire des cruautés qu'ils avaient fait essuyer à mes
compatriotes à Amboine (1), en leur donnant la
torture avec toute l'inhumanité possible : je crai-
gnais qu'en faisant souffrir les douleurs les plus
cruelles à quelques-uns de nos gens, ils ne leur
fissent confesser des crimes dont ils n'étaient pas
coupables, et ne nous punissent comme pirates,
avec quelque apparence de justice. La charge de
notre vaisseau pouvait leur fournir un puis-
sant motif pour prendre des mesures si inhu-
maines, puisqu'elle valait cinq mille livres sterling.

Pendant tout le tems que durèrent nos frayeurs,
nous fûmes agités sans relâche par de pareilles réflexions, sans considérer seulement que les capitaines de vaisseaux n'ont pas l'autorité de faire de
telles exécutions. Il est certain que, si nous nous
étions rendus à quelqu'un d'entre eux, et s'il avait
été assez hardi pour nous donner la torture, ou
pour nous mettre à mort, il en aurait été puni ri-
goureusement en sa patrie. Mais cette vérité n'était
pas fort consolante pour nous : un homme qu'on

_____

(1) *Dans les Indes Orientales.*

massacre ne tire pas de grands avantages du sup-
plice qu'on fera subir à son meurtrier.

Ces frayeurs ne pouvaient que me faire faire de
mortifiantes réflexions sur les différentes particularités de ma vie passée. Après avoir passé quarante
ans dans des travaux et des dangers continuels, je
m'étais vu dans le port vers lequel tous les hommes
tendent, une *opulente tranquillité*; et j'avais été
assez malheureux pour me plonger de nouveau, par
mon propre choix, dans des inquiétudes plus grandes
que celles dont je m'étais tiré d'une manière si peu
attendue. Quel chagrin pour moi, qui pendant ma
jeunesse m'était échappé de tant de périls, de me
voir, dans ma vieillesse, exposé par mon génie aventurier à perdre la vie sur une potence, pour un
crime pour lequel je n'avais jamais eu le moindre
penchant, bien loin d'en être coupable !

Quelquefois des pensées pieuses succédaient à ces
considérations chagrinantes: je me mettais dans l'esprit que si je tombais dans ce malheur que je crai-
gnais si fort, je devais considérer ce désastre comme
un effet de la Providence, qui malgré mon innocence, par rapport au cas présent, pouvait me punir
pour d'autres crimes, et que j'étais obligé de m'y
soumettre avec humilité de la même manière que si
elle avait trouvé à propos de me châtier par un naufrage, ou par quelque autre malheur qui eût du rapport avec ma vie errante.

Il m'arrivait encore assez souvent d'être excité
par ma crainte à prendre des résolutions vigoureu-
ses ; je ne songeais alors qu'à combattre jusqu'à la
dernière goutte de mon sang, plutôt que de me laisser prendre par des gens capables de me massacrer
de sang-froid.

Il vaudrait encore mieux pour moi, disais-je en
moi-même, d'être pris par des sauvages et de leur

servir de nourriture, que de tomber entre les mains
de ces gens, qui peut-être seront ingénieux dans
leur cruauté, et qui ne me feront mourir qu'après
m'avoir déchiré par la torture la plus violente. Quand
j'ai été aux mains avec les antropophages, c'était
toujours dans le dessein de me battre jusqu'à mon
dernier soupir ; par quelle raison serais-je plus
lâche quand il s'agit d'éviter un malheur plus terrible ?

Quand ces sortes de pensées avaient le dessus
dans mon imagination, j'étais dans une espèce de
fièvre et dans une agitation comme si j'étais réellement engagé dans un combat opiniâtre ; mes yeux
brilaient, et le sang me bouillonnait dans les
veines : je résolvais alors fermement, si j'étais obligé
d'en venir là, de ne jamais demander quartier, et
de faire sauter le vaisseau en l'air quand je ne pourrais plus résister, afin de laisser à mes persécuteurs
si peu de butin, qu'ils n'auraient garde de s'en
vanter.

Plus nos inquiétudes avaient été grandes pendant
que nous étions encore en mer, et plus nous fûmes
charmés quand nous nous vîmes à terre. A cette occasion, mon associé me raconta que la nuit auparavant il avait rêvé qu'il avait un grand fardeau sur les
épaules, et qu'il le devait porter au haut d'une colline ; mais que le pilote portugais l'avait levé de dessus son dos, et qu'en même tems, au lieu d'une
colline, il n'avait trouvé qu'un terrain uni et agréable. Ce songe là était plus significatif que les rêves
ne le sont d'ordinaire : nous étions véritablement
comme des gens qu'on venait de décharger d'un pesant fardeau.

Dès que nous fûmes à terre, notre vieux pilote,
qui avait conçu beaucoup d'amitié pour nous, nous
trouva un logement et un magasin, qui, dans le
fond, ne faisaient ensemble que le même bâtiment.

C'était une petite cabane jointe à une hutte spa-
cieuse; le tout fait de *cannes*, et environné d'une
palissade de ces grandes cannes appelées *bambous*
dans les Indes. Cette palissade nous servait beaucoup pour mettre nos marchandises à l'abri de la
subtilité des voleurs, dont il y a une assez grande
quantité dans ce pays là. D'ailleurs, le magistrat
du lieu nous accorda, pour plus grande sûreté, une
sentinelle qui faisait la garde devant notre magasin,
avec une espèce de demi-pique à la main. Nous en
étions quittes, en donnant à cette sentinelle un peu
de riz et une petite pièce d'argent; ce qui ne montait, tout ensemble, qu'à la valeur de trois sous
par jour.

Il y avait déjà du tems que la foire dont j'ai parlé
était finie : cependant il y avait encore dans la rivière trois ou quatre jonques chinoises, avec deux
bâtimens japonais, chargés de denrées, qu'ils avaient
achetées dans la Chine; et ils n'avaient pas fait
voile jusqu'alors, parce que les marchands étaient
encore à terre.

Le premier service que nous rendit notre pilote, ce fut de nous faire faire connaissance avec
trois missionnaires, qui s'étaient arrêtés là quelque tems pour convertir les habitans du lieu. Il est
vrai qu'ils avaient fait de leurs prosélytes une
assez plaisante sorte de chrétiens : mais c'était
là leur affaire, et non pas la nôtre. Parmi ces
messieurs, il y avait un prêtre français, fort
joli homme, de bonne humeur, d'une conversation fort aisée : il s'appelait le *Père Simon*, et
ses manières étaient bien éloignées de la gravité
de ses deux compagnons, qui étaient, l'un Portugais, et l'autre Génois. Ils étaient d'une grande
austérité, et semblaient prendre extrêmement à
cœur l'ouvrage pour lequel on les avait envoyés,
occupés continuellement à s'insinuer dans l'esprit

des habitans, et à trouver moyen de lier conversation avec eux.

Nous avions le plaisir de manger souvent avec ces religieux, et d'apprendre par là leur manière de prêcher l'Evangile aux païens. Il est certain que ce qu'ils appelaient la conversion des Chinois était fort éloignée de mériter un titre si magnifique; tout le christianisme de ces pauvres gens ne consiste guère qu'à savoir prononcer le nom de *Jésus-Christ*, à dire quelques prières adressées à la Vierge et à son Fils, dans un langage qui leur est inconnu, et à faire le signe de la Croix. Cette crasse ignorance de ces prétendus convertis n'empêche pas les missionnaires de croire fermement que ces gens iront tout droit en paradis, et qu'ils sont eux-mêmes les glorieux instrumens du salut de leurs prosélytes; c'est dans l'espérance d'un succès si merveilleux qu'ils hasardent de grands voyages, qu'ils subissent le triste sort de faire un long séjour parmi ces barbares, et qu'ils s'exposent à une mort accompagnée des tourmens les plus cruels. Pour moi, quelque mauvaise opinion que j'aie de leur manière de convertir les païens, je croirais pourtant manquer de charité, si je n'avais pas une haute idée du zèle qui les porte à entreprendre un pareil ouvrage, au milieu de mille dangers, et sans la moindre vue d'un intérêt temporel.

Le religieux français, nommé le *P. Simon*, avait ordre de s'en aller à *Pékin*, où réside le grand empereur de la Chine, et il n'était dans cette petite ville que pour attendre un compagnon, qui devait venir de Macao pour faire ce voyage avec lui. Je ne le rencontrais jamais qu'il ne me pressât d'aller avec eux, en m'assurant qu'il me montrerait tout ce qu'il y a de grand et de beau dans ce fameux empire, et surtout la plus grande ville de l'univers, une ville, selon lui, que Londres et Paris, mis ensemble, ne pourraient égaler.

Cette ville est effectivement grande, extrêmement peuplée; mais comme je regarde ces sortes de choses d'un autre œil que ces gens qui se jettent d'abord à corps perdu dans l'admiration, je dirai dans la suite quelle est mon opinion sur cette célèbre ville de *Pékin*. Je reviens au *P. Simon*.

Un jour que nous dînions ensemble, et que nous étions tous de fort bonne humeur, je lui fis voir quelque penchant à l'accompagner dans son voyage, et il nous pressa fort, mon associé et moi, de prendre cette résolution. « D'où vient donc, père Simon, lui répondit mon associé, que vous souhaitez si fort notre compagnie? Vous savez que nous sommes hérétiques; et par conséquent vous ne sauriez nous fréquenter, ni trouver le moindre plaisir dans notre commerce. — Bon! répondit-il, vous pouvez devenir catholiques avec le tems; mon occupation ici est de convertir les païens; que sait-on si je ne réussirai pas à vous convertir aussi? — Oui-dà! mon Père, lui dis-je: ainsi donc, gare les sermons pendant tout le chemin! — N'ayez pas peur, répliqua-t-il; notre religion n'est pas incompatible avec la politesse; d'ailleurs, dans un pays si éloigné, nous nous regardons comme compatriotes, quoique vous soyez Anglais et moi Français; pourquoi ne pourrions-nous pas nous considérer comme chrétiens, quoique vous soyez huguenots et moi catholique? Quoi qu'il en soit, ajouta-t-il, nous sommes tous honnêtes gens, et sur ce pied là nous pouvons parler ensemble sans embarrasser nos conversations de disputes sur la religion. »

La fin de ce discours me parut fort sensée, et me rappela dans l'esprit ce bon religieux duquel je m'étais séparé dans le Brésil.

Il est certain pourtant que le caractère du *P. Simon* n'approchait pas de celui de mon jeune prêtre. Il est vrai que dans ses manières il n'avait rien qui déshonorât sa profession ; mais on ne lui remarquait pas ce fond de zèle, cette piété exacte, ni cette affection pour le christianisme, qui éclataient si fort dans la conduite de l'autre.

Quelques pressantes que fussent ses sollicitations, il ne nous était pas possible de nous y laisser aller sitôt ; il fallait premièrement disposer de notre vaisseau et de nos marchandises, ce qui était assez difficile dans un endroit où il y avait si peu de commerce ; un jour même je fus tenté de faire voile pour la rivière de *Kilam*, et de monter jusqu'à la ville de *Nankin* ; mais j'en fus détourné par un coup inattendu de la Providence, qui semblait commencer à s'intéresser en nos affaires : J'en conclus que je pouvais espérer de revenir un jour dans ma patrie, quoique je n'eusse pas la moindre idée des moyens dont je pouvais me servir pour l'entreprendre. Il me suffisait, pour me promettre cette satisfaction, de remarquer que quelque lueur de la bonté divine se répandît sur nos entreprises. Voici ce que c'était :

Un jour notre vieux pilote nous amena un marchand japonais, pour voir quelles sortes de marchandises nous avions. Il nous acheta d'abord notre *opium*, et le paya fort bien et sur-le-champ, partie en or, que nous prenions selon le poids, partie en petites pièces monnoyées, du coin de son pays, et partie en lingots d'argent, de dix

ences à peu près. Pendant que nous faisions ce
négoce avec lui, il me vint dans l'esprit que ce
même marchand pourrait bien encore nous acheter notre vaisseau, et j'ordonnai à notre interprète de lui en faire la proposition. Il ne la
reçut qu'en haussant les épaules; mais il nous
revint voir quelques jours après, amenant avec
lui un des missionnaires, pour lui servir d'interprète, et pour nous communiquer la proposition
qu'il avait à nous faire. Il nous dit qu'il nous
avait payé une grande quantité de marchandises,
avant que d'avoir la pensée de nous acheter notre
vaisseau, et qu'il ne lui restait pas assez d'argent pour nous en donner le prix; que si je
voulais y laisser les matelots, il le louerait pour
un voyage du Japon (1); que là, il le chargerait
de nouveau pour les Philippines, après en avoir
payé le fret, et qu'après le retour il l'achèterait.
Non-seulement je prêtai l'oreille à cette proposition, mais mon humeur aventurière me mit encore dans l'esprit d'être moi-même de la partie,
de m'en aller aux îles Philippines, et de là vers
la mer du Sud. Là dessus je demandai au marchand
s'il avait envie de louer le vaisseau jusqu'aux îles
Philippines, et de le décharger là. Il me dit que la
chose n'était pas possible, mais qu'il le décharge-
rait dans le Japon, quand il serait de retour avec sa
cargaison. J'y aurais consenti, si mon associé, plus
sage que moi, ne m'en avait pas détourné, en me
représentant les dangers de la mer, l'humeur perfide
et traîtresse des Japonnais, et celle des Espagnols

—————————————————

(1) *Grand pays dans la partie la plus orientale*
d'Asie, avec titre d'empire.

des îles Philippines, plus perfide et plus traîtresse encore.

La première chose qu'il fallait faire avant de conclure notre marché avec le Japonnais, c'était de demander au capitaine et à l'équipage, s'ils avaient envie d'entreprendre cette course. Dans le tems que nous y étions occupés, je reçus une visite du jeune homme que mon neveu m'avait donné pour compagnon de voyage. Il me dit que cette course promettait des avantages très-considérables, et me conseillait fort de l'entreprendre ; mais que, si je n'en avais pas envie, il me priait de le placer dans le vaisseau comme marchand, ou en telle autre qualité que je le jugerais à propos ; que s'il me trouvait encore en vie à son retour en Angleterre, il me rendrait un compte exact de son gain, et que je ne lui donnerais que la part que je voudrais.

Je n'avais pas grande envie de me séparer de lui ; mais voyant le grand avantage où ce parti devait conduire naturellement, et le connaissant pour un jeune homme aussi propre à y réussir que qui que ce fût, j'avais du penchant à lui accorder sa demande. Je lui dis pourtant que je voulais consulter mon associé sur sa proposition, et que je lui donnerais une réponse positive le lendemain.

Mon associé, à qui j'en parlai d'abord, s'y accorda très-généreusement ; il me dit que je savais bien que nous regardions tous deux notre navire comme acheté sous de mauvais auspices, et que nous n'avions pas envie de nous y rembarquer ; que nous ferions bien de le céder au jeune homme, à condition que, si nous le revoyions en Angleterre, il nous donnerait la moitié des profits de ses voyages, et qu'il garderait l'autre moitié pour lui.

Je n'avais garde d'être moins généreux que mon
associé, qui n'étant pas, comme moi, intéressé
dans la fortune de mon compagnon de voyage,
n'était porté par aucun motif particulier à lui faire
du bien, et voyant que tout l'équipage était résolu
de faire cette nouvelle caravane, nous donnâmes à
mon jeune homme la moitié du vaisseau en propriété, en tirant de lui une promesse écrite, qu'il
nous rendrait compte de la moitié des profits du
voyage.

Le marchand japonnais, à ce que nous avons
appris dans la suite, se montra un parfait honnête homme. Il protégea mon jeune homme dans
le Japon, et lui obtint la permission de venir à
terre, qui a été rarement accordée aux étrangers
depuis plusieurs années. Il lui paya le *fret* avec
beaucoup de ponctualité, et l'envoya aux îles
Philippines, chargé de marchandises du Japon et
de la Chine, avec un *super-cargo* du pays, qui,
trafiquant là avec les Espagnols, revint avec des
marchandises de l'Europe, et avec une grande
quantité d'épiceries. Le jeune homme fut parfaitement bien payé de tous ses voyages, et n'ayant
point envie de se défaire du vaisseau, il le char-
gea de marchandises pour son propre compte,
lesquelles il vendit d'une manière avantageuse
aux Espagnols, dans les îles Manilles. Par le moyen
des amis qu'il s'y fit, il y eut le bonheur de faire
déclarer son navire libre, et fut loué par le gouverneur, pour aller à *Acapulco* (1), sur la côte du
Mexique (2), avec la permission de débarquer là;

_____

(1) *Ville du Mexique, dont la rade peut contenir cent vaisseaux.*

(2) *Grand pays de l'Amérique, conquis par le
fameux Cortez.*

d'aller à la ville de Mexique, et d'entrer dans un vaisseau Espagnol, avec tout son monde, pour s'en retourner en Europe.

Il fit ce voyage avec beaucoup de succès; il vendit son vaisseau à Acapulco, et ayant obtenu la permission d'aller par terre jusqu'à *Portobello* (1), il y trouva le moyen de passer avec tout ce qu'il avait gagné dans la Jamaïque (2), d'où il retourna en Angleterre, huit ans après, avec des richesses immenses. J'en dirai davantage dans son lieu. Il est tems d'en venir à mes propres affaires.

Le vaisseau étant prêt de mettre en mer, nous commençâmes à songer à récompenser les deux hommes qui nous avaient rendu un service si considérable, en nous avertissant à tems de la conspiration qu'on avait faite contre nous dans la rivière de *Cambodia*. Nous savions du reste, dans le fond, que ce n'était pas pour l'amour de nous qu'ils nous avaient donné un avis si important, et qu'ils nous avaient plutôt obligé par scélératesse que par charité. Ils nous croyaient réellement pirates, et cependant ils nous découvrirent un dessein qu'ils avaient toutes les raisons imaginables de croire parfaitement juste, uniquement dans la vue d'écumer la mer avec nous, et d'avoir part au butin. Néanmoins, ils nous avaient réellement sauvés d'un danger extrême, et je leur avais promis de leur en témoigner ma reconnaissance. Je commençai d'abord par leur faire payer les gages, qui, selon eux, leur étaient

_____

(1) *Ville de l'Amérique septentrionale.*

(2) *Grande île de l'Amérique septentrionale, découverte par Christophe Colomb.*

dûs dans les vaisseaux qu'ils avaient quittés pour
nous suivre; c'est-à-dire, dix-neuf mois à l'Anglais, et sept au Hollandais. Je leur donnai encore à chacun une petite somme d'argent, en
or, dont ils furent très-contens, et je fis l'Anglais canonnier du vaisseau, à la place du nôtre,
qui était devenu second contre-maître et boursier;
je donnai au Hollandais l'emploi du bosseman.
Ils se crurent par là parfaitement bien récompen-
sés, et ils rendirent de très-grands services dans le
vaisseau, étant gens de courage, et fort entendus
dans la marine.

Pour nous, nous restâmes à terre dans la Chine,
et si je m'étais cru loin de ma patrie au Bengale, où pour mon argent il m'était facile de retourner chez moi, que ne devais-je pas penser alors,
que j'étais de plus de mille lieues plus éloigné de
l'Angleterre, sans savoir le moindre moyen d'y retourner?

Tout ce qui pouvait en quelque sorte balancer
ce chagrin, c'est que, dans quelques mois de là,
il devait y avoir une autre foire dans la ville où nous
étions, et que nous aurions l'occasion de nous fournir de toutes sortes de denrées du pays, sans compter que, peut-être y trouverions-nous quelque
jonque chinoise, ou quelque bâtiment de Tunquin, pour nous ramener avec tout ce qui nous
appartenait. Charmé de cette nouvelle, je pris
la résolution d'y attendre cette occasion, et
comme j'étais sûr qu'on n'en voulait point à nos
personnes, qui ne pouvaient pas être suspectes
hors du vaisseau, nous pouvions espérer même
de trouver là quelque vaisseau anglais ou hollandais, qui voudrait bien nous mener dans
quelque autre endroit des Indes, plus proche de
notre patrie.

En attendant, nous trouvâmes bon de nous divertir un peu, en faisant trois ou quatre petits voyages dans le pays. Nous en fîmes un, entre autres, long de dix journées, pour aller voir *Nanquin*; c'est une ville qui mérite bien la peine d'être vue. On dit qu'il y a un million d'âmes, ce que j'ai bien de la peine à croire. Elle est bâtie fort régulièrement; toutes les rues en sont tirées au cordeau, et se croisent les unes aux autres, ce qui en augmente extrêmement la beauté.

Mais quand je compare les peuples de ce pays là, leur manière de vivre, leur gouvernement, leur religion, leur magnificence, à ce qu'on voit de plus remarquable dans l'Europe, je dois avouer que tout cela ne vaut pas la peine d'en parler, bien loin de mériter les pompeuses descriptions que certaines relations nous en donnent.

Si nous admirons la grandeur des Chinois, leurs richesses, leurs cérémonies pompeuses, leur commerce, leurs forces, ce n'est pas parce que ces choses sont admirables en elles mêmes, mais parce que l'idée que nous avons des gens qui habitent cette partie du monde, ne nous permet pas de nous attendre à rien de grand et d'extraordinaire.

Sans cela, qu'est-ce que les bâtimens, en comparaison des magnifiques palais qu'on admire dans l'Europe? Qu'est-ce que leur commerce, à proportion de celui de l'Angleterre, de la Hollande, de la France et de l'Espagne? Leurs villes ne sont rien au prix des nôtres, pour la magnificence, la force, la richesse, l'agrément et la variété. Rien n'est plus ridicule que de mettre en parallèle leurs ports, où se trouve un petit nombre de jonques et d'autres vils bâtimens,

Tome IV.

avec nos flottes marchandes et nos armées na-
vales. On peut dire même avec vérité, qu'il y
a plus de commerce dans notre seule ville de
Londres, que dans tout ce vaste empire, et qu'un
seul vaisseau de guerre du premier rang, anglais,
hollandais ou français, est capable de faire tête
à toutes leurs forces de mer, et même de les abîmer : encore un coup, il n'y a que l'idée que nous
avons de la barbarie des peuples de ce pays, qui
nous représente d'une manière si avantageuse tout ce
qu'on rencontre de plus remarquable dans la Chine ;
tout nous y parut surprenant, parce que nous ne
nous attendions à rien qui fût capable de donner de
la surprise.

Ce que j'ai dit de leurs flottes peut être appliqué
à leurs armées. Quand ils mettraient deux millions
de soldats ensemble, une puissance si formidable
en apparence ne ferait que ruiner le pays,
et se réduire à périr faute de vivres. S'il s'a-
gissait d'assiéger une ville forte, comme il s'en
trouve quantité en Flandre, ou de se battre en
bataille rangée, une seule ligne de cuirassiers allemands ou de gendarmes français, renverserait
toute la cavalerie chinoise. Un million de leurs
fantassins ne viendrait pas à bout d'un seul corps
de notre infanterie, placé à ne pouvoir pas être
environné de tous côtés. Je crois même pouvoir
dire, sans gasconnade, que trente mille fantassins
allemands ou anglais, et dix mille cavaliers français, abîmeraient toutes les forces de la Chine.
Il en est de même de l'art d'attaquer et de défendre les villes. Il n'y a pas une ville fortifiée
dans toute la Chine, qui soutînt pendant un
mois les efforts d'une armée européenne ; toutes
les armées chinoises ensemble attaqueraient en
vain une place forte comme Dunkerque, pourvu

qu'elle ne fût pas réduite à se rendre par la fa-
mine. Ils ont des armes à feu, il est vrai; mais
elles sont grossières, et sont sujettes *à prendre
un rat,* comme on dit : ils ont de la poudre à
canon, mais elle est sans force. Ils sont sans
discipline, ignorans dans l'exercice et dans la
manière de se ranger en bataille, ne sachant ce
que c'est que d'attaquer avec ordre, et de faire
la retraite sans confusion. Toutes ces vérités,
dont je suis très-convaincu, me font rire de
tout mon cœur, quand j'entends raconter de si
belles choses de ces fameux Chinois, qui, dans
le fond, ne sont que d'ignorans et de vils esclaves, sujets à un gouvernement despotique,
proportionné à leur génie et à leurs inclinations.

Si ce bel empire n'était pas si éloigné de la
Moscovie (1), et si les Moscovites eux - mêmes
n'étaient des esclaves aussi méprisables que les
Chinois, rien ne serait plus aisé, pour un empereur de Moscovie, que de le conquérir en une
seule campagne; et si le czar Pierre, qui est,
à ce qu'on dit, un jeune prince de grande espérance, et qui commence à se rendre formidable
dans le monde, avait poussé ses desseins ambi-
tieux de ce côté là, au lieu de les tourner du
côté des belliqueux Suédois, il aurait été peut-
être, à l'heure qu'il est, empereur de la Chine,
au lieu qu'il a été battu à Nerva, par l'intrépide

---

(1) *Russie ou Moscovie. Depuis l'époque où
cet ouvrage a été écrit, c'est-à-dire en* 1719, *la
Russie s'est accrue et civilisée d'une manière sensible; elle est située, partie en Asie, et partie
en Europe.*

Charles (1); quoique les Moscovites fussent six contre un.

On a tort d'avoir meilleure opinion du savoir des Chinois et de leurs progrès dans les sciences. Ils ont des globes, des sphères et quelques faibles notions de mathématiques; mais si vous creusez un peu avant dans leur habileté, vous en voyez d'abord le faible; ils ne connaissent rien dans les mouvemens des corps célestes, et leur ignorance va jusqu'à un tel degré de ridicule, que, lorsque le soleil est éclipsé, ils s'imaginent qu'il est attaqué par un grand dragon qui veut le dévorer, et ils font un bruit terrible en frappant sur des tambours et sur des timbales, pour faire peur au monstre et pour le détourner de sa proie.

Voilà la seule digression de cette nature qu'on trouvera dans mon histoire; je ne m'attacherai désormais qu'aux aventures de ma vie errante, sans parler des villes que j'ai vues, ni des vastes déserts que j'ai traversés, qu'autant qu'il le faudra pour répandre du jour sur ce qui m'est arrivé de remarquable dans mes courses.

Etant de retour à *Nanquin*, j'étais, selon mon calcul, dans le cœur de la Chine, puisque ce petit port est situé au trentième degré de latitude septentrionale. J'avais grande envie de voir la ville de *Pékin*, et de me rendre aux importunités du Père *Simon*. Son compagnon était arrivé de *Macao*; le tems de son départ était fixé, et par conséquent il fallait prendre ma résolution. Je m'en rapportai entièrement à mon associé, qui à la fin se détermina, et nous préparâmes tout

(1) *Charles XII, roi de Suède, l'un des plus grands capitaines.*

pour le voyage. Nous trouvâmes une heureuse occasion de faire ce voyage d'une manière sûre et commode, en obtenant d'un *mandarin* la permission de voyager en sa compagnie, et comme ses domestiques.

Ces *mandarins* sont comme une espèce de *vice-rois* ou *gouverneurs de provinces*, qui font une grosse figure, et qui sont extrêmement respectés par les peuples, auxquels, en récompense, ils sont fort à charge, puisqu'ils sont défrayés par le chemin, avec toute leur suite, avec tout leur équipage.

Les vivres et le fourrage ne nous manquèrent pas dans le voyage, parce que les Chinois étaient obligés de nous les fournir *gratis*; ce qui était fort commode pour nous, quoique nous n'y profitassions de rien. Nous étions forcés à les payer au prix courant, et l'intendant ou maître-d'hôtel du mandarin venait nous en demander le paiement avec beaucoup de régularité. Ainsi la permission que le seigneur nous avait donnée de voyager à sa suite était très-commode pour nous sans qu'elle doive passer pour une grande faveur. Il y gagnait beaucoup au contraire; car il y avait une trentaine de gens qui le suivaient de cette manière, et qui lui payaient tout ce que le peuple lui fournissait pour lui.

Nous fûmes vingt-cinq jours en chemin avant que d'arriver à *Pékin*. Le pays que nous traversâmes est à la vérité extrêmement peuplé, quoique assez mal cultivé. L'économie de ces gens est fort peu de chose, et leur manière de vivre misérable, comparée à la nôtre. Il est vrai que ces malheureux, dont on vante tant l'industrie, ne sentent pas leur misère, et se croient assez heureux, parce qu'ils n'ont pas seulement l'idée du bonheur dont jouissent les sujets chez les nations bien policées de

9.

notre Europe. L'orgueil des Chinois est extraordinaire, et n'est surpassé que par leur pauvreté, à laquelle ils mettent le comble. A mon avis, les sauvages de l'Amérique sont plus heureux que ces gens-ci. Ils n'ont rien, mais ils ne désirent rien; au lieu que les Chinois sont superbes et insolens au milieu de leur gueuserie. Il n'est pas possible d'exprimer leur ostentation, qu'on remarque surtout dans leurs habits, dans leurs bâtimens, dans le nombre de leurs esclaves, et, ce qu'il y a de plus ridicule, dans le mépris qu'ils affectent pour toutes les autres nations.

. J'avoue que dans la suite j'ai voyagé avec plus d'agrément dans les affreux déserts de la grande Tartarie, que je ne faisais dans la Chine, malgré la bonté des chemins, qui y sont parfaitement bien entretenus. Rien ne me choquait davantage, que de voir ce peuple hautain, impérieux, insolent au milieu de la misère et de la plus grossière ignorance, que ceux qui n'en jugent que superficiellement, traitent d'esprit et d'industrie. Quoique leurs manières me rebutassent au suprême degré, je ne laissais pas de m'en divertir avec le Père *Simon*. Un jour, en approchant du château prétendu d'une espèce de gentilhomme campagnard, nous eûmes d'abord l'honneur d'être en compagnie du maître, pendant une grande demi-lieue. Son équipage était un *Don-Quichotisme* (1) parfait, un vrai mélange de pompe et de pauvreté; l'habillement de ce Don-Chi-

_____

(1) *Don Quichotte est le héros d'un roman espagnol, qui ne voyait partout que châteaux et chevaliers.*

nois aurait convenu à merveille à un *Trivelin* (1),
ou à un *Jean-Potage*. C'était une toile des Indes, richement brodée de graisse; on y voyait
briller tout l'ornement nécessaire pour le rendre
ridicule; de grandes machines pendantes, des fal-
balas, etc.

Cette robe magnifique couvrait une veste de
taffetas noir, aussi grasse que celle d'un boucher,
preuve convaincante que celui qui la portait était
d'une insigne malpropreté.

Son cheval était une noble copie du fameux
Rossinante (2). Il était vieux, maigre, et à moitié
mort de faim : on en achèterait un meilleur en Angleterre pour la somme d'une guinée et demie;
aussi n'aurait-il pas pris la peine de marcher,
si deux esclaves qui suivaient le chevalier à pied,
armés de bons fouets, n'avaient donné courage à cette haridelle. Il avait encore un fouet
à la main lui-même, qui ne lui était pas inutile,
et il travaillait du côté de la tête et des épaules du noble animal, dans le tems que ces pale-
freniers exerçaient leurs forces sur les parties pos-
térieures.

Pour comble de pompe, il était encore accompagné de dix ou douze esclaves; on peut juger
de la magnificence de leur livrée, par la description que j'ai faite de l'habit du maître. Nous
apprîmes qu'il venait de la ville pour aller se
promener à sa terre. qui était à peu près à une
demi-lieue de nous. Nous marchâmes au petit pas,
pour jouir plus long-tems de la brillante figure

_____

(1) *Nom de certains personnages, dans des pièces
bouffonnes.*

(2) *Nom du cheval de Don Quichotte.*

de ce chevalier; mais enfin il prit les devants, parce que nous trouvâmes à propos de nous arrêter à un village pour nous y rafraîchir. Peu de tems après, étant arrivés à son château, nous l'y trouvâmes qui dînait dans une petite cour devant sa porte. C'était par un pur orgueil qu'il avait choisi cet endroit exposé aux yeux des passans, et l'on nous dit que plus nous le regarderions et plus nous flatterions sa vanité.

Il était assis à l'ombre d'un arbre semblable à un *palmier-nain*, sous lequel, pour se défendre encore mieux des rayons du soleil, il avait fait placer un grand *parasol*, qui ne représentait pas mal un *dais*, et par conséquent qui contribuait beaucoup à rendre ce spectacle pompeux. Il était renversé dans un grand fauteuil, qui avait de la peine à contenir le volume de sa grosse corpulence, et il était servi par deux esclaves femelles, qui apportaient les plats. Il y en avait encore deux autres du même sexe, qui s'acquittaient d'un emploi que peu de gentilshommes européens voudraient exiger de leurs domestiques. L'une lui mettait la soupe dans la bouche avec un cuiller, pendant que l'autre tenait l'assiette, et ramassait les bribes qui tombaient de la barbe et de la veste de taffetas de sa seigneurie. Ce noble cochon croyait au-dessous de lui de se servir de ses propres mains, dont nos rois font usage dans de pareilles occasions, plutôt que de se laisser approcher par les doigts de leurs domestiques.

Je ne pouvais m'empêcher de réfléchir sur les peines ridicules où l'orgueil des hommes les jette, et sur l'embarras où un homme qui a le sens commun, se doit trouver quand il se sent un penchant malheureux pour la vanité. Fatigués enfin de voir la fatuité de ce pauvre animal, qui s'imaginait que nous étions extasiés d'admiration, dans le tems que nous le regardions d'un œil de piété et de mépris, nous continuâmes notre voyage: le seul Père *Simon* s'arrêta là encore quelques momens, curieux de voir de près les mets dont ce gentilhomme se bourrait la bedaine avec tant d'ostentation. Il nous rapporta qu'il y avait goûté, et que c'était des ragoûts dont un dogue anglais voudrait à peine appaiser sa faim. C'était un plat de riz bouilli, dans lequel il y avait une grosse gousse d'ail et un petit sachet rempli de poivre verd, et d'une autre plante qui ressemble à du gingembre, qui a l'odeur du musc et le goût de moutarde; tout cela était étuvé avec une petite pièce de mouton fort maigre: voilà tout le dîner que cet animal offrait en spectacle aux passans, dans le tems, qu'outre les quatre servantes, on voyait encore à une certaine distance de la table, quatre ou cinq esclaves mâles, tout prêts à exécuter les ordres de son excellence. Si leur table était plus mauvaise que celle de leur maître, il est certain qu'ils n'étaient pas trop bien nourris.

Pour notre *Mandarin*, il faut avouer qu'il y avait plus de réalité dans la magnificence dont il faisait parade; il était respecté comme un roi, et toujours tellement entouré de ses gentilshommes et de ses officiers, que je ne pus jamais le voir qu'à une certaine distance.

Il est vrai que dans tout son équipage il n'y avait pas un seul cheval qui me parût meilleur que nos chevaux de somme: mais ils étaient si bien cachés de couvertures et de harnois, qu'il ne me fut pas possible de remarquer s'ils étaient gras ou maigres. Tout ce qu'on en voyait, c'était les pieds et la tête.

Débarrassé alors de toutes les inquiétudes qui

m'avaient si fort agité, je fis galment tout ee voyage ; et ce qui augmenta ma belle humeur, c'est que je l'achevai sans essuyer la moindre catastrophe, excepté qu'au passage d'une petite rivière, mon cheval tomba et me jeta au beau milieu de l'eau. Elle n'était pas fort profonde ; mais je ne laissai pas de me mouiller depuis les pieds jusqu'à la tête, ce qui gâta absolument le petit livre dans lequel j'avais écrit les noms des peuples dont je voulais me souvenir.

Nous arrivâmes à la fin à *Pékin* ; je n'avais d'autre domestique que le valet que mon neveu m'avait donné, et qui était fort bon garçon. Toute la suite de mon associé consistait aussi dans un seul garçon, qui était notre compatriote. Nous avions encore avec nous le vieux pilote portugais, qui avait envie de voir la cour chinoise, et que nous défrayâmes pendant le voyage, pour nous en servir en qualité d'interprète. Il entendait fort bien la langue du pays, parlait bon français, et même il savait assez d'anglais pour se faire entendre.

Ce bon vieillard nous fut d'une grande utilité, et il nous donna mille marques de son affection pour nous. A peine avions-nous passé une semaine à *Pékin*, qu'il nous vint parler en riant de tout son cœur : « Ah! seigneur anglais, me dit-il, j'ai la meilleure nouvelle du monde à vous donner. » Je lui répondis que, dans ce pays là, je ne m'attendais pas à des nouvelles fort bonnes ni fort mauvaises. Je vous assure, reprit-il, qu'elle est fort bonne pour vous, quoiqu'elle soit bien mauvaise pour moi. Vous m'avez défrayé dans un voyage de vingt-cinq journées, et vous me laisserez retourner tout seul, sans vaisseau, sans cheval et sans argent.

Pour faire court, il nous dit qu'il y avait dans la

ville une grande caravane de marchands moscovites
et polonais ; qu'ils se préparaient à retourner chez
eux par la grande Russie ; qu'ils avaient résolu de
partir dans cinq ou six semaines de là, et qu'il ne
doutait point que nous ne nous servissions d'une
occasion si favorable.

J'avoue que cette nouvelle me fit un sensible
plaisir. Une joie inexprimable se répandit dans
mon âme, et m'empêcha pendant quelques momens de répondre au bon vieillard. Enfin, étant
revenu de cette extase, je lui demandai comment
il savait ce qu'il venait de rapporter, et s'il en
était bien sûr. « Très - sûr, me répondit - il, j'ai
rencontré dans la rue, ce matin, une de mes
vieilles connaissances ; c'est un Arménien qui est
venu d'Astracan (1), dans le dessein de s'en aller à
Tunquin, où je l'ai vu autrefois ; mais ayant
changé de sentiment, il veut aller avec cette caravane jusqu'à Moscou (2), et de là il a envie
de descendre le Volga (3), pour retourner à Astracan.
— J'en suis charmé, lui dis-je ; mais je vous prie de
ne vous point affliger d'une chose que je regarde
comme un grand bonheur pour moi. Si vous vous
en retournez tout seul à *Macao*, ce sera votre
propre faute. »

Là dessus je consultai mon associé sur l'ouverture qu'il venait de nous donner, et je lui demandai si ce parti l'accommoderait. Il me dit qu'il
ferait tout ce que je trouverais bon ; qu'il avait
si bien établi ses affaires au Bengale, et laissé ses

---

(1) *Capitale de la Moscovie asiatique.*

(2) *Capitale de la Moscovie.*

(3) *Grand fleuve.*

effets en si bonnes mains, que s'il pouvait mettre
ce qu'il venait de gagner dans ce second voyage, en
soies de la Chine, crues et travaillées, il se ferait
un plaisir d'aller en Angleterre, d'où il pourrait
retourner aisément au Bengale avec les vaisseaux
de la compagnie.

Etant demeurés d'accord là dessus, nous résolûmes de prendre le vieux pilote avec nous, s'il voulait, et de le défrayer jusqu'à *Moscou*, ou jusqu'en
Angleterre. Si nous n'avions pas eu envie de lui
donner quelque autre récompense, nous n'aurions
pas mérité par là de passer pour généreux. Il nous
avait rendu des services considérables, non-seulement sur mer, mais encore à terre, où il s'était
intéressé dans nos affaires avec toute l'affection
imaginable. Le seul plaisir qu'il nous avait fait
en nous amenant le marchand japonnais, nous
avait valu un profit de plusieurs centaines de
livres sterling. Ainsi, lui faire du bien n'était
que lui rendre justice. Nous résolûmes donc de
lui faire présent d'une petite somme en or mon-
noyé, montant à peu près à la valeur de soixante-
quinze livres sterling, et de le défrayer lui et son
cheval, s'il voulait nous accompagner. Nous le
souhaitions de tout notre cœur, parce qu'il pouvait nous être très-nécessaire en plusieurs occasions.

Nous le fîmes venir pour lui communiquer notre
résolution. Je lui dis qu'il s'était plaint de la nécessité de s'en retourner tout seul, mais que
j'étais d'avis qu'il ne retournât point du tout;
que nous avions résolu d'aller en Europe avec la
caravane, et de le prendre avec nous, s'il avait
envie de nous suivre. Le bon homme secoua la
tête à cette proposition; il nous dit que ce voyage
était bien long; qu'il n'avait point d'argent pour

en soutenir les frais, ni pour subsister dans l'endroit où nous le menerions. Je lui répondis que
je le croyais bien, et que c'était pour cela même
que nous avions résolu de faire quelque chose
pour lui, afin de lui faire connaître que nous
étions sensibles aux services qu'il nous avait rendus,
et que sa compagnie nous était agréable. Là dessus
je l'informai du présent que nous avions dessein
de lui faire, et je lui dis, que, par rapport aux
frais du voyage, nous l'en déchargerions entièrement, et que nous le conduirions à nos dépens,
ou en Moscovie, ou en Angleterre, selon qu'il
le trouverait bon; à condition seulement que,
s'il mettait l'argent que nous lui donnerions en
marchandises, il les transporterait à ses propres
frais.

Il reçut ma proposition avec des transports de
joie, et répondit qu'il nous suivrait au bout du
monde, si nous voulions; et là dessus nous préparâmes tout pour le voyage, ce qui nous coûta
plus de tems que nous n'avions d'abord cru. Heureusement la même chose arriva aux autres marchands de la caravane, qui, au lieu d'être prêts
en cinq ou six semaines, eurent besoin de plus
de quatre mois avant que d'être en état de
partir.

Ce fut au commencement de février, vieux style,
que nous sortîmes de Pékin. Mon associé et le
vieux pilote avaient été faire un tour ensemble
vers le petit port où nous étions entrés, pour
disposer de quelques marchandises que nous y
avions laissées, et dans cet intervalle j'allai, avec
un marchand chinois que j'avais connu à Nankin,
acheter dans cette ville quatre-vingt-dix pièces de
beau damas, avec environ deux cents autres pièces
d'étoffes de soie, parmi lesquelles il y en avait
qui étaient rayées d'or, une assez grande quantité

de soies crues, et d'autres denrées du pays. Tout cela était déjà arrivé à Pékin avant le retour de mon associé, et cet achat nous coûtait la somme de trois mille cinq cents livres sterling. Pour charger toutes ces marchandises, jointes à une assez grande quantité de thé et de belles toiles peintes, il nous fallait dix-huit chameaux, outre ceux qui devaient nous porter; nous avions deux chevaux de main, et trois pour porter nos provisions; de manière que notre équipage consistait en vingt-six, tant chameaux que chevaux.

La caravane était grande; elle était composée, si je m'en souviens bien, d'à peu près trois cents bêtes de charge, et d'environ cent vingt hommes parfaitement bien armés, et préparés à tout événement; car comme les caravanes orientales sont sujettes aux attaques des Arabes, celles-ci le sont aux insultes des Tartares, qui ne sont pas pourtant si dangereux que les autres, ni si cruels, quand ils ont le dessus.

Nous étions de plusieurs nations différentes: mais les Moscovites faisaient le plus grand nombre. Il y avait du moins soixante habitans de la ville de Moscow, parmi lesquels il se trouvait quelques Livoniens; et, ce qui nous faisait grand plaisir, cinq Ecossais, gens riches, et très-versés dans les affaires qui regardent le commerce et les voyages.

Après que nous eûmes fait la première journée, nos guides, qui étaient au nombre de cinq, appelèrent tous les marchands et tous les passagers, excepté les valets, pour tenir un grand conseil, selon la coutume de toutes les caravanes de ce pays. Dans cette assemblée, chacun donna une petite somme pour en faire une bourse commune, afin de payer le fourrage et d'autres choses dont on pouvait

journellement avoir besoin. On y régla tout le
voyage ; on nomma des capitaines et d'autres officiers pour nous commander en cas que nous fussions attaqués, et tous ces réglemens ne se firent
pas par autorité, mais par un consentement una-
nime de tous les voyageurs, qui étaient tous
également intéressés dans le bien commun de la
caravane.

La route, de ce côté là, est un pays extrêmement
peuplé : il y a surtout un grand nombre de potiers
habiles, qui préparent la belle terre dont on fait
ces vases si estimés dans tout le monde. Au
milieu de la marche, notre vieux Portugais, qui
avait toujours quelque chose à dire pour nous divertir, vint me joindre, en me promettant de me
faire voir la plus grande curiosité de toute la
Chine, qui me convaincrait, malgré tout le mal que
je disais tous les jours de ce pays, qu'on y voyait
ce qu'il était impossible de voir dans tout le reste
de l'univers. Après s'être long-tems laissé tirer l'o-
reille pour s'expliquer plus clairement, il me dit
que c'était une maison de campagne toute faite
de terre de Chine. A d'autres, lui dis-je ; la chose
est aisée à comprendre : toutes les briques qu'on
fait dans ce pays ci sont de terre de Chine, et
ce n'est pas un grand miracle. — Vous n'y êtes
pas, répondit-il : de terre de Chine, de véritable
porcelaine. — Cela se peut, répliquai-je : de quelle
grandeur est-elle, cette maison là? Si nous pouvons l'emporter avec nous dans une boîte, sur un
chameau, nous l'achèterons volontiers, si l'on
veut s'en défaire. — Sur un chameau ? répartit le
vieux pilote, en levant les mains vers le ciel ;
c'est une maison où demeure une famille de trente
personnes. »

Voyant qu'il parlait sérieusement, je fus fort
curieux d'aller voir cette merveille, et voici ce

que c'était, Tout le bâtiment était de charpente
et de plâtre; mais le plâtre était réellement de
cette même terre dont on fait la porcelaine. Le
dehors, qui était exposé à la chaleur du soleil,
était vernissé, d'une blancheur éclatante, peint
de figures bleues, comme les grands vases qui
viennent de ce pays là, et aussi dur que si le
tout avait été cuit au four. En dedans, toutes les
murailles étaient composées de carreaux durcis au
four, et peints à peu près de la même grandeur
que ceux qu'on trouve en Angleterre et en Hollande, et ils étaient tous de la plus belle porcelaine qu'on puisse voir; la peinture en était
charmante, variée par différentes couleurs mêlées
d'or; plusieurs de ces carreaux ne faisaient qu'une
même figure; mais ils étaient joints ensemble par
du mortier de la même terre, avec tant d'art,
qu'il était difficile de ne les pas prendre pour
une seule et même pièce. Les pavés étaient de la
même matière, et aussi drus que les pavés de
pierre qu'on trouve en plusieurs provinces d'Angleterre, surtout en Lincolnshire, Nottingams-
hire et Leicestershire; cependant ils n'étaient ni
peints, ni endurcis au four, excepté dans quelques cabinets où ils étaient de ces mêmes petits
carreaux qui couvraient les murailles. Les caves,
en un mot, toute la maison était faite de la
même terre, et le toit était couvert de carreaux
de porcelaine, d'un noir fort lustre et brillant.

C'était à la lettre une maison de porcelaine,
et si je n'avais pas été en marche, j'étais homme
à m'arrêter là plusieurs jours pour en examiner
toutes les particularités. On me dit que dans le
jardin, il y avait des viviers, dont le fond et
les côtés étaient couverts de la même sorte de
carreaux, et que dans les allées il y avait des
statues de porcelaine, parfaitement belles.

On ferait une grande injustice aux Chinois, si on n'avouait pas qu'ils excellent dans ces sortes d'ouvrages ; mais il est sûr en même tems qu'ils excellent dans les contes borgnes qu'ils débitent sur leur industrie à cet égard. Ils m'en ont dit des choses si peu vraisemblables, que je ne veux pas me donner la peine de les rapporter. J'en donnerai pourtant ici un échantillon. Ils m'ont assuré qu'un de leurs artisans avait fait tout un vaisseau de porcelaine, avec tous ses agrès, mâts, voiles, cordages, et que ce navire fragile était assez grand pour contenir cinquante personnes. Pour rendre la chose plus touchante, ils n'avaient qu'à ajouter qu'on avait fait le voyage du Japon avec ce vaisseau ; j'y aurais ajouté foi tout de même qu'au reste, car, révérence parler, je crois fort qu'ils en ont menti bien serré.

Ce spectacle extraordinaire me retint là deux heures après que la caravane était déjà passée ; ce qui porta celui qui commandait ce jour là, à me condamner à une amende de trois *schelings* à peu près, et il me dit que, si la même chose m'était arrivée à trois journées au-delà de la *Muraille*, au lieu que nous étions à trois journées en-deçà, il m'en aurait coûté quatre fois autant, et que j'aurais été obligé d'en demander pardon le premier jour de conseil général. Je promis d'être désormais plus exact, et j'eus lieu, dans la suite, d'observer que l'ordre de ne se pas éloigner les uns des autres est d'une nécessité absolue pour les caravanes.

Deux jours après, nous vîmes la fameuse muraille qu'on a faite pour servir d'un boulevard aux Chinois contre les irruptions des Tartares. C'est assurément un ouvrage d'un travail immense ; cette muraille va même sans aucune nécessité

10.

par dessus des montagnes et des rochers qui sont impraticables d'eux-mêmes, et beaucoup plus difficiles à forcer que la muraille même dans les autres endroits.

Elle a un millier de milles d'Angleterre d'étendue, à ce qu'on prétend ; mais le pays qu'elle couvre n'en a que cinq cents, à le conter sans les détours qu'on a été obligé de faire en bâtissant la muraille ; et a vingt-quatre pieds de hauteur, et autant d'épaisseur en quelques endroits.

Pendant que la caravane passait par une des portes de cette espèce de fortification, je pouvais examiner ce monument si fameux pendant une bonne heure, sans pécher contre nos réglemens ; j'eus le loisir, par conséquent, de le contempler de tous côtés, autant que pouvait porter ma vue. Notre guide chinois, qui nous en avait parlé comme d'un des prodiges de l'univers, marqua beaucoup de curiosité pour savoir mon opinion. Je lui dis *que c'était la meilleure chose du monde contre les Tartares.* Il n'y entendit point de malice, et prit cette expression pour un compliment fort gracieux ; mais notre vieux pilote n'était pas simple. « *Il y a du caméléon* (1) *dans votre discours,* me dit-il. — Du caméléon ? lui répondis-je ; qu'entendez-vous par là ? — Je veux dire, reprit-il, que le discours que vous venez de tenir au guide paraît blanc quand on le considère d'ici, et noir quand on le considère de là : que c'est un compliment d'une manière, et une satire d'une autre. Vous dites que cette muraille est bonne contre les Tartares ; vous me dites par là à moi, qu'elle n'est bonne

_____

(1) *Le caméléon est un animal qui prend la couleur des objets sur lesquels il marche.*

que contre les Tartares seuls. Le seigneur chinois vous entend à sa manière, et il est content; et moi, je vous entends à la mienne, je suis content aussi. — Mais ai-je grand tort, dans votre sens, lui dis-je? Croyez-vous que cette belle muraille soutiendrait les attaques d'une bonne artillerie, et de bons ingénieurs? N'y ferait-elle pas en dix jours de tems une brèche assez grande pour y entrer en bataille rangée, ou bien ne la ferait-elle pas sauter en l'air avec ses fondemens, d'une manière à faire douter qu'il y eût jamais une muraille dans cet endroit? »

Nos Chinois étaient fort curieux de savoir ce que j'avais dit au pilote, et je lui permis de les en instruire quatre ou cinq jours après, étant alors à peu près hors de leurs frontières, et sur le point de nous séparer de nos guides. Dès qu'ils furent informés de l'opinion que j'avais de leur belle muraille, ils furent muets pendant tout le reste du chemin qu'ils avaient encore à faire avec nous, et nous fûmes quittes de toutes ces belles histoires, touchant la grandeur et la puissance chinoise.

Après avoir passé ce *magnifique rien*, appelé la *muraille de la Chine*, semblable à peu près à celle que les Romains ont faite autrefois dans le Northumberland, contre les invasions des Pictes (1), nous commençâmes à trouver le pays assez mal peuplé; on peut dire même que les habitans y sont en quelque sorte emprisonnés dans les places fortes, parce qu'ils n'en osent sortir qu'à peine, de peur de devenir la proie des Tartares qui volent sur les grands chemins à main armée, et à

---

(2) *Ancien peuple de la Grande Bretagne.*

qui les habitans ne pourraient résister en rase campagne.

Je commençai alors à remarquer parfaitement bien la nécessité qu'il y avait à ne se pas éloigner des caravanes, en voyant des troupes entières de Tartares rôder autour de nous. Ils approchaient assez de nous pour que je pusse les examiner à mon aise, et j'avoue que je suis surpris qu'un empire comme celui de la Chine ait pu être conquis par des faquins aussi misérables que l'étaient ceux qui s'offraient à mes yeux ; ce n'était que des bandes confuses, sans ordre, sans discipline, et presque sans armes.

Leurs chevaux sont maigres, et à moitié morts de faim, mal dressés ; en un mot ils ne sont bons à rien. J'eus l'occasion de remarquer ce que je viens de dire, le premier jour après avoir passé la muraille. Celui qui nous commandait alors nous permit, au nombre de seize, d'aller à la chasse de certains moutons sauvages, qui sont assurément les plus vifs et les plus alertes de toute leur espèce. Ils courent avec une vitesse étonnante ; mais ils se fatiguent aisément ; et quand on en voit, on est sûr de ne les pas courir en vain : ils paraissent d'ordinaire une quarantaine à la fois ; et comme de véritables moutons, ils se suivent toujours les uns les autres.

Au milieu de cette chasse burlesque nous rencontrâmes plus de quarante Tartares. Si leur but était d'aller à la chasse des moutons, comme nous, ou s'ils cherchaient quelque proie, c'est ce que j'ignore ; mais dès qu'ils nous découvrirent, un d'entr'eux se mit à sonner d'une espèce de cor, dont le son était affreux. Nous supposâmes tous que c'était pour donner le signal à leurs amis de venir à eux, et cette supposition ne se trouva pas

fausse ; car en moins d'un demi quart-d'heure nous
vîmes une autre troupe toute aussi forte paraître à
un demi-mille de nous.

Heureusement il y avait parmi nous un marchand
écossais habitant de Moscou, qui dès qu'il entendit le cor, nous dit qu'il n'y avait autre
chose à faire que de charger brusquement cette
canaille sans aucun délai, et nous rangeant sur
une même ligne, il nous demanda si nous étions
prêts à donner. Comme il vit que nous étions
résolus de le suivre, il se mit à notre tête et s'en
fut droit à eux.

Les Tartares nous regardaient d'un œil hagard,
ne se mettant point du tout en peine de se ranger dans quelque ordre ; mais dès qu'ils nous virent avancer, ils nous lâchèrent une volée de
leurs flèches, dont heureusement aucune ne nous
toucha. Ce n'est pas qu'ils eussent mal visé, mais
ils avaient tiré d'une trop grande distance ; leurs
flèches tombèrent justement devant nous, et si
nous avions été plus près d'une vingtaine de verges, plusieurs de nous auraient été tués, ou du
moins blessés.

Nous fîmes d'abord alte, et quoique nous
fussions assez éloignés de cette canaille, nous fîmes
feu sur eux, et nous leur envoyâmes des balles de
plomb pour leurs flèches de bois. Nous suivîmes
notre décharge au grand galop, pour tomber sur
nos ennemis le sabre à la main, selon les ordres de
notre courageux Écossais. Ce n'était qu'un marchand ; mais il se conduisit dans cette occasion
avec tant de bravoure et avec une valeur si tranquille, qu'il paraissait être fait pour les exploits
militaires.

Dès que nous fûmes à portée de ces misérables, nous
leur lâchâmes nos pistolets dans la moustache, et immédiatement après nous mîmes flamberge au vent ;

mais nous aurions pu nous épargner cette peine, puisque nos faquins s'enfuirent avec toute la confusion imaginable.

C'est ainsi que finit notre combat, où nous n'eûmes d'autres désavantages que la perte des moutons que nous avions pris à la chasse ; nous n'eûmes ni morts, ni blessés ; mais du côté des Tartares, il y en eut cinq de tués ; pour le nombre des blessés, je n'en puis parler ; ce qu'il y a de certain, c'est que la seconde troupe qui était venue au bruit du cor, effrayée de nos armes à feu, ne fut nullement d'humeur à tenter quelque chose contre nous.

Il faut remarquer que cette action se passa dans le territoire des Chinois, ce qui empêcha sans doute les Tartares de pousser leur pointe avec la même opiniâtreté que nous leur avons remarquée dans la suite. Cinq jours après nous entrâmes dans un désert que nous traversâmes en trois marches. Nous fûmes obligés de porter notre eau avec nous dans des outres, et de camper pendant les nuits, comme j'ai entendu dire qu'on fait dans les déserts de l'Arabie.

Je demandai à qui appartenait ce pays là, et l'on m'apprit que c'était une espèce de lisière, qui n'était proprement à personne, étant une partie de la *Karakathie* ou *Grande Tartarie* ; mais que cependant on la rangeait en quelque sorte sous les domaines de la Chine ; que les Chinois pourtant ne prenaient pas le moindre soin pour la garantir contre les brigandages, et que par conséquent c'était le plus dangereux désert du monde, quoiqu'il y en ait de bien plus étendus.

En le traversant, nous vîmes à plusieurs reprises de petites troupes de Tartares ; mais ils semblaient ne songer qu'à leurs propres affaires, sans vouloir se mêler des nôtres; et pour nous, nous trouvâmes bon d'imiter cet homme qui, rencontrant le diable en son chemin, dit que, si Satan n'avait rien à lui dire, il n'avait rien à lui dire non plus.

Un jour néanmoins, une de ces bandes assez forte, nous ayant approché de fort près, nous examina avec beaucoup d'attention, en délibérant apparemment si elles nous attaquerait ou non. Là dessus, nous fîmes une arrière-garde d'environ quarante hommes tout prêts à étriller ces coquins de la belle manière, et nous nous y arrêtâmes jusqu'à ce que la caravane eût gagné le devant d'une demi-lieue. Mais nous voyant si résolus, ils firent la retraite, se contentant de nous saluer de cinq flèches, une desquelles estropia un de nos chevaux d'une telle manière, que nous fûmes obligés de l'abandonner.

Nous marchâmes ensuite pendant un mois par des routes qui n'étaient pas si dangereuses, et par un pays qui est censé être encore du territoire de la Chine. On n'y voit presque que des villages, excepté quelques petits bourgs fortifiés contre les invasions des Tartares. En arrivant à un de ces bourgs, situé à peu près à deux journées de la ville de *Naum*, j'avais besoin d'un chameau. Il y en a en quantité dans cet endroit, aussi bien que des chevaux, et on les y amène, parce que les caravanes qui passent par là fréquemment en achètent d'ordinaire. La personne à qui je m'adressai pour trouver un bon chameau, s'offrit à me l'aller chercher; mais comme un vieux fou, je voulus lui tenir compagnie. Il fallut faire deux lieues pour arriver à cet endroit, où ces animaux sont à l'abri des Tartares, parce qu'on y a mis une bonne garnison. Je fis ce chemin à pied, avec mon pilote portugais, étant bien aise de me

divertir par cette petite promenade, et de me délasser
de la fatigue d'aller tous les jours à cheval. Nous
trouvâmes la petite ville en question, située dans un
terrain bas et marécageux, environné d'un rempart
de pierres mises les unes sur les autres, sans être
jointes par du mortier, comme les murailles de
nos parcs en Angleterre : elle était défendue par
une garnison chinoise qui faisait la garde à la
porte.

Après y avoir acheté un chameau qui m'agréait,
nous nous en revînmes avec le Chinois qui con-
duisait la bête : c'était celui qui me l'avait vendue.
Mais bientôt nous vîmes venir à nous cinq Tartares à cheval, deux desquels attaquèrent notre
Chinois et lui ôtèrent mon chameau, dans le tems
que les trois autres nous tombèrent sur le corps,
à mon pilote et à moi, nous voyant pour ainsi dire
sans armes, puisque nous n'avions que nos épées,
qui ne pouvaient nous servir beaucoup contre des
cavaliers.

Un de ces gens, comme un vrai poltron, arrêta son cheval tout court, dès qu'il me vit tirer
mon épée ; mais en même tems un second m'attaquant du côté gauche, me porta un coup sur
la tête, dont je ne sentis rien du tout, sinon
lorsqu'étant revenu à moi, et me trouvant à terre
tout étendu, je me trouvai extrêmement étourdi,
sans en comprendre la cause. Dès que mon brave
Portugais me vit tomber, il tira de sa poche un
pistolet dont il s'était muni à tout hasard, sans que
j'en susse rien, non plus que les Tartares, qui
nous auraient laissé en repos s'ils avaient pu le
soupçonner. Il s'avança hardiment sur ces ma-
rauds, et saisissant le bras de celui qui m'avait
porté le coup, il le fit pencher de son côté, et
lui fit sauter la cervelle. Dans le même moment,
tirant un cimeterre qu'il avait toujours à son

...... deux desquels attaquèrent notre
chinois, et lui ôtèrent mon ......

côté, il joignit l'autre, qui s'était arrêté d'abord devant moi, et lui porta un coup de toutes ses forces : il manqua l'homme, mais il blessa le cheval à la tête, et la pauvre bête, devenue furieuse par la douleur, emporta à travers les champs son maître, qui ne pouvait plus le gouverner, mais qui était trop bon cavalier pour ne s'y pas tenir. À la fin pourtant le cheval s'étant càbré, le fit tomber et se renversa sur lui.

Sur ces entrefaites, le Chinois à qui on avait arraché le chameau, et qui n'avait point d'armes, courut de ce côté là, et voyant que le Tartare renversé avait à son côté un vilain instrument qui ressemblait assez à une hache d'armes, il s'en saisit et lui en cassa la tête. Mon brave vieillard cependant avait encore sur les bras un troisième Tartare, et voyant qu'il ne fuyait pas, comme il avait espéré, et qu'il ne l'attaquait pas non plus, comme il avait craint, mais qu'il se tenait immobile à une certaine distance, il se servit de cet intervalle pour recharger son pistolet. Dès que le brigand aperçut cet instrument, qu'il prit peut-être pour un second pistolet tout chargé, il crut qu'il ne faisait pas bon là pour lui, et s'enfuit au grand galop, et laissa à mon champion une victoire complette.

Dans ce tems là je commençai à revenir un peu à moi, et je me trouvai précisément dans l'état d'un homme qui sort d'un profond sommeil, sans pouvoir comprendre pourquoi j'étais à terre, ni qui m'y avait mis ; quelques momens après je sentis des douleurs, mais d'une manière peu distincte ; je portai la main à mon front, et je l'en tirai toute sanglante ; ensuite j'eus une grande douleur de tête, et enfin ma mémoire se rétablit, et mon esprit fut dans le même état qu'auparavant.

Je me relevai d'abord avec précipitation, et je me saisis de mon épée, mais je ne trouvai plus d'ennemis ; je ne vis qu'un Tartare mort près de moi, et son cheval qui s'arrêtait tranquillement auprès du cadavre de son maître, et plus loin j'aperçus mon libérateur qui, après avoir examiné ce que le Chinois avait fait avec le Tartare renversé sous son cheval, revenait vers moi, ayant encore le sabre à la main.

Le bon vieillard me voyant sur pied, courut à moi, et m'embrassa avec des transports de joie ; il m'avait cru mort ; mais voyant que j'étais seulement blessé, il voulut examiner la plaie, pour voir si elle n'était pas dangereuse. Ce n'était pas grand'chose heureusement, et je n'en ai jamais senti la moindre suite après que le coup fut guéri, ce qui se fit en deux ou trois jours de tems.

Nous ne tirâmes pas un gros butin par cette victoire ; nous y perdîmes un chameau en y gagnant un cheval ; mais ce qu'il y eut de remarquable, c'est que, quand nous fûmes de retour à la caravane, le Chinois qui m'avait vendu le chameau, prétendit recevoir le paiement. Je n'en voulus rien faire, et il m'appela devant le juge du village où la caravane s'était arrêtée. C'était comme un de nos *Juges de Paix* ; et pour lui rendre justice, je dois avouer qu'il agit avec nous avec beaucoup de prudence et d'impartialité. Nous ayant écoutés l'un et l'autre, il demanda gravement au Chinois, qui avait mené le chameau, et de qui il était le valet ? — « Je ne suis le valet de personne, dit-il, et je n'ai fait qu'accompagner l'étranger qui a acheté le chameau. — Qui vous en a prié, répliqua le juge?—C'est cet étranger lui-même, répartit le Chinois. — Eh bien! dit-il, vous étiez en ce tems là le valet de l'étranger, et puisque le chameau a été livré à son valet, il doit être censé avoir été livré au maître, et il est juste qu'il le paye. »

Il n'y avait pas un mot à répondre à cette décision : charmé de voir cet homme établir l'état de la question avec tant de justesse, et raisonner si conséquemment, je payai le chameau sans contester, et j'en fis chercher un autre; on peut bien croire que je m'épargnai la peine d'y aller moi-même; mon argent perdu et ma tête cassée, étaient deux leçons suffisantes pour m'inspirer plus de précaution.

La ville de *Naum* couvre les frontières de la Chine; on l'appelle une fortification, et c'en est une effectivement, selon la manière de fortifier les places dans ce pays-là. J'ose assurer même que plusieurs millions de Tartares qu'on peut ramasser de la grande Tartarie, ne seraient jamais en état d'en abattre les murailles à coups de flèches. Mais appeler cette ville fortifiée, par rapport à notre manière d'attaquer les places, ce serait se rendre ridicule pour ceux qui entendent un peu le métier.

Nous étions encore à deux journées de cette place, comme j'ai dit, quand nous fûmes joints par des courriers qui étaient envoyés de tous côtés sur les routes, pour avertir tous les voyageurs et toutes les caravanes de s'arrêter jusqu'à ce qu'on leur eût envoyé des escortes, parce qu'un corps de Tartares de dix mille hommes s'était fait voir à trente milles de l'autre côté de la ville.

C'était une fort mauvaise nouvelle pour nous; il faut avouer pourtant que le gouverneur qui nous la fit donner, agissait noblement, et que nous lui avions de très-grandes obligations, d'autant plus qu'il tint parfaitement bien sa promesse. Deux jours après nous reçûmes de lui trois cents soldats de la ville de *Naum*, et deux cents d'une autre garnison chinoise, ce qui nous fit pousser hardiment notre voyage. Les trois cents soldats de *Naum* faisaient notre front, et les deux cents autres l'arrière-garde; pour nous, nous nous mîmes sur les ailes, et tout le bagage de la caravane marchait dans le centre. Dans cet ordre, prêts à nous battre comme il faut, nous crûmes être en état de partager le péril avec les dix mille Tartares; mais quand nous les vîmes paraître le lendemain, les affaires changèrent de face d'une étrange manière.

Au sortir d'une petite ville nommée *Changu*, nous fûmes obligés de très-grand matin de passer une petite rivière; et si les Tartares avaient eu le sens commun, ils auraient eu bon marché de nous, en nous attaquant dans le même tems que la caravane était passée, et que l'arrière-garde était encore de l'autre côté; mais nous ne les vîmes pas seulement paraître.

Environ trois heures après, étant entrés dans un désert de quinze ou seize milles d'étendue, nous aperçûmes par un grand nuage de poussière, que l'ennemi n'était pas loin, et un moment après nous les vîmes venir à nous au grand galop. Là dessus, les Chinois qui faisaient notre avant-garde, et qui, le jour auparavant, avaient fait extrêmement les braves, firent voir une fort mauvaise contenance, en regardant à tout moment derrière eux; ce qui est un signe certain que le soldat

ranle dans le manche. Mon vieux pilote en avait
ort mauvaise opinion aussi bien que moi. « Seigneur
nglais, il faut encourager ces drôles là, me dit-il,
u nous sommes perdus; ils s'enfuiront dès que
ous aurons les Tartares sur les bras. — Je le crois
omme vous, lui répondis-je; mais que faire
our empêcher ce malheur? — Mon avis serait,
pliqua-t-il, qu'on plaçât cinquante de nos
us sur chaque aile de ce corps de Chinois; ce
nfort leur donnera du courage, et ils seront
raves en compagnie de braves gens. » Sans me
onner le tems de lui répondre, je fus joindre
grand galop notre commandant du jour, pour
i communiquer ce conseil. Il le goûta fort, et
ns le moment même il l'exécuta, et il fit un
rps de réserve du reste de nos gens. Dans
tte posture, nous continuâmes notre marche,
laissant les deux cents autres Chinois faire
corps à part pour garder nos chameaux,
ec ordre de détacher la moitié de leurs sol-
ts, pour nous donner du secours, s'il était
cessaire.

Un moment après, les Tartares furent assez
oches de nous pour donner. Ils étaient en
s-grand nombre, et je n'entre point en di-
t qu'ils étaient dix milles tout au moins. Ils
mmencèrent par détacher un parti pour nous
nnaître et pour examiner notre contenance.
s voyant passer pardevant notre front, à la
rtée du fusil, notre commandant ordonna à nos
ix ailes d'avancer tout d'un coup avec toute la
esse possible, et de faire feu dessus. On le fit;
quoi ces Tartares se retirèrent, pour rendre
mpte apparemment de la réception que nous ve-
ns de leur faire, et à laquelle le reste devait
tendre.

Nous vîmes bien que la manière dont nous la
avions salués n'était pas de leur goût. Ils firent alte
dans le moment, et après nous avoir considérés attentivement pendant quelques minutes, ils firent ne
demi-tour à gauche, et ils nous quittèrent sans faire
la moindre tentative. Nous en fûmes charmés ; car
s'ils avaient poussé leur pointe avec vigueur, il nous
aurait été impossible de résister long-tems à toute
cette armée.

Etant arrivés deux jours après à la ville de
Naum ou *Naun*, nous remerciâmes le gouverneur
du soin qu'il avait eu la bonté de prendre de
nous, et nous fîmes à nous tous une somme
de cent écus, pour en faire présent à notre
escorte chinoise. Nous nous reposâmes là un jour
entier.

On peut dire qu'il y a une garnison en forme
dans cette ville. Elle est du moins de neuf cents
soldats, et on l'y a placée, parce que autrefois
les frontières de l'empire moscovite en étaient
beaucoup plus proches; mais depuis, le czar a
trouvé bon d'abandonner plus de deux cents
lieues de pays, comme absolument inutile et indigne d'être conservé, surtout à cause de la grande
distance où *Naum* est du cœur du pays, et de
la difficulté qu'il y a à y envoyer des troupes. Cette
distance est en effet très-grande, puisque nous avions
encore du moins six cent soixante-dix lieues à
faire, avant que de venir sur les frontières de
la Moscovie.

Après avoir quitté *Naum*, nous eûmes à passer
plusieurs grandes rivières, et deux terribles déserts
dont l'un nous coûta seize jours de marche. C'est
un pays abandonné, comme j'ai dit, et qui n'appartient à personne. Le vingt-trois mars, nou

arrivâmes sur les terres de Moscovie, et si je m'en souviens bien, la première ville que nous rencontrâmes de la juridiction du czar, est appelée *Argum :* elle est située à l'ouest d'une rivière du même nom.

Je me vis arrivé avec toute la satisfaction possible, en si peu de tems, dans un pays chrétien, ou du moins de la domination d'un prince chrétien ; je n'étais pas le maître de mes transports de joie. Il est vrai, selon mon opinion, que si les Moscovites méritent le titre de chrétiens, c'est tout au plus ; mais du moins, ils se font une gloire de porter ce nom, et ils sont fort dévots, à leur manière.

Je suis persuadé que tout homme qui voyage par le monde, comme moi, et qui serait capable de quelques réflexions, sentirait avec force, que c'est une grande bénédiction du ciel, d'être né dans un pays où le nom de Dieu et du Sauveur est connu, et non parmi des peuples livrés par malheur aux plus grossières illusions, des peuples qui rendent un culte religieux aux démons, qui se prosternent devant le bois et devant la pierre, et qui adorent les monstres et les plus vils animaux, ou du moins qui en adorent les images. Jusqu'ici nous n'avions passé par aucune ville qui n'eût ses pagodes et ses idoles, et où le peuple insensé ne profanât l'honneur dû à la Divinité, en le rendant l'ouvrage de ses propres mains.

Nous étions arrivés du moins alors dans un pays où l'on voyait le culte extérieur de la religion chrétienne, où l'on fléchissait les genoux au nom de Jésus-Christ, et où le christianisme passait pour la véritable religion, quoique elle y fût déshonorée par la plus crasse ignorance. J'étais charmé d'en remarquer au moins quelques traces, et dans l'extase de ma joie, je fus trouver ce brave marchand écossais, et dont j'ai fait plusieurs fois mention, pour mêler ma satisfaction avec la sienne; et le prenant par la main : « Le ciel en soit béni! lui dis-je; nous avons le bonheur de nous trouver parmi des chrétiens. — Ne vous réjouissez pas si vite, me répondit-il en souriant; ces Moscovites-ci sont d'assez étranges chrétiens; ils en ont le nom tout au plus, et vous n'en trouverez la réalité qu'après un bon mois de marche. »

— « Tout au moins, repris-je, leur religion vaut mieux que le paganisme, et que le culte qu'on adresse au diable. — Il est vrai, me dit-il, mais vous saurez, qu'excepté les soldats russes qui sont dans les garnisons, tout le reste du pays, jusqu'à plus de trois cents lieues d'ici, est habité par les païens les plus ignorans et les plus détestables de l'univers. » Il avait raison, et j'en fus bientôt témoin oculaire.

Nous étions alors dans le plus grand continent qu'il y ait dans le monde entier, si j'ai la moindre idée du globe : du côté de l'est, nous étions éloignés de la mer de plus de douze cents milles du côté de l'ouest, il y en avait plus de deux cents milles jusqu'à la mer Baltique, et plus de trois cents milles jusqu'au canal qui est entre la France et la Grande-Bretagne. Vers le sud, la mer de Perse et des Indes était distante de nous de plus de cinq cents milles, et vers le nord, il y avait bien huit cents milles jusqu'à la mer Glaciale. Si l'on en veut croire quelques géographes, il n'y a aucune mer du côté du nord-est, et ce continent s'étend jusques dans l'Amérique; cependant je crois être en état de faire voir par de fortes raisons, que leur opinion manque de vraisemblance.

Quand nous fûmes entrés dans l'empire moscovite, nous n'eûmes, avant que d'arriver à quelque ville considérable, qu'une observation à faire ; savoir que toutes les rivières qui courent vers l'est, se jettent dans le grand fleuve *Jamour* ou *Gamour*, qui, selon le cours naturel, doit porter ses eaux dans la mer Orientale ou océan Chinois. On nous débite que l'embouchure de ce fleuve est fermée par une espèce de joncs d'une grandeur terrible, ayant trois pieds de circonférence, et plus de vingt de hauteur. Pour dire mon sentiment là dessus avec franchise, je crois que c'est là une fable inventée à plaisir. La navigation de ce côté là est absolument inutile, puisqu'il n'y a pas le moindre commerce ; tout le pays par où passe ce fleuve est habité par des Tartares, qui ne se mêlent que d'élever du bétail : il n'est pas apparent, par conséquent, que la simple curiosité ait jamais porté quelqu'un à descendre ce fleuve, ou à monter par son embouchure, pour pouvoir nous en apprendre des nouvelles. Il reste donc évident, que courant vers l'est, et entraînant avec lui tant d'autres rivières, il doit se répandre de ce côté là dans l'Océan.

A quelques lieues du côté du nord de ce fleuve, il y a plusieurs rivières considérables, dont le cours est aussi directement septentrional que celui de *Jamour* est oriental. Elles vont toutes porter leurs eaux dans le grand fleuve nommé *Tartar*, qui a donné son nom aux Tartares les plus septentrionaux, qu'on appelle *Tartares Mongul*, qui, au sentiment des Chinois, sont les plus anciens de tous les différens peuples qui portent le même nom; et qui, selon nos géographes, sont les *Gogs* et *Magogs* dont il est parlé dans l'Ecriture-Sainte.

Toutes ces rivières prenant leur cours du côté du nord, comme j'ai dit, prouvent évidemment que le pays dont je parle, doit encore être borné au nord par l'océan septentrional; de manière qu'il n'est nullement probable que ce continent puisse s'étendre de ce côté là jusques dans l'Amérique, et qu'il n'y ait point de communication entre l'océan du septentrion et de l'orient. Je ne me suis fort étendu là dessus, que parce que j'eus alors occasion de faire cette observation, qui est trop curieuse pour être passée sous silence.

De la rivière *Arguna* nous avançâmes à petites journées vers le cœur de la Moscovie, très-obligés à sa majesté czarienne du soin qu'elle a pris de faire bâtir dans ces pays autant de villes qu'il a été possible d'y en placer, et d'y mettre des garnisons qu'on peut comparer à ces *soldats stationnaires*, que les Romains postaient autrefois dans les endroits les plus reculés de leur empire, pour la sûreté du commerce, et pour la commodité des voyageurs. Dans toutes ces villes, que nous rencontrâmes en grand nombre sur notre route, nous trouvâmes les gouverneurs et les soldats tous russes et chrétiens.

Les habitans du pays, au contraire, étaient des païens qui sacrifiaient aux idoles, et qui adoraient le soleil, la lune, les étoiles, et *toutes les armées du ciel*, comme s'exprime l'Ecriture-Sainte. Je puis dire même, que c'étaient les plus barbares de tous les païens que j'aie rencontrés dans mes voyages, excepté seulement qu'ils ne se nourrissaient point de chair humaine comme les sauvages de l'Amérique.

Nous vîmes quelques exemples de leur barbarie entre *Arguna* et une ville habitée par des Tartares et des Moscovites mêlés ensemble, et nommé *Nortsinskoi*. Elle est située au milieu d'un vaste désert, que nous ne pûmes traverser qu'en vingt jours de marche.

Arrivé à un village voisin de cette ville, j'eus la curiosité d'y entrer : la manière de vivre de ces gens est d'une brutalité affreuse. Ils devaient faire ce jour là un grand sacrifice ; il y avait sur le tronc d'un vieux arbre une idole de bois, de la figure la plus terrible : et si l'on voulait dépeindre le diable de la manière la plus effrayante et la plus hideuse, on ne pourrait jamais se régler sur un meilleur modèle.

La tête de cette belle divinité ne ressemblait à celle d'aucun animal que j'aie jamais vu, et dont j'aie la moindre idée. Elle avait des oreilles aussi grandes que des cornes de bouc, des yeux de la grandeur d'un écu, un nez semblable à une corne de bélier, et une gueule comme celle d'un lion, avec des dents crochues, les plus affreuses qu'on puisse s'imaginer. Elle était habillée d'une manière proportionnée à son abominable figure. Son corps était couvert de peaux de mouton, avec la laine en dehors, et elle avait sur la tête un bonnet à la tartare, armé de deux grandes cornes, sa hauteur était environ de huit pieds ; enfin ce n'était qu'un buste sans bras et sans jambes.

Cette statue monstrueuse était érigée hors du village, et quand j'en approchai je vis devant elle seize ou dix-sept créatures humaines : je ne pouvais dire si c'était des hommes ou des femmes; car ils ne distinguent point du tout les sexes par l'habillement. Ils étaient tous étendus le visage contre terre, pour rendre leurs hommages à cette hideuse divinité, et ils étaient tellement immobiles que je les crus d'abord de la même matière que l'idole.

Pour m'en éclaircir, je voulus en approcher davantage; mais je les vis tout d'un coup se lever avec la plus grande précipitation du monde, en poussant les hurlemens les plus épouvantables, semblables à ceux d'un dogue; et ils s'en allèrent tous, comme s'ils étaient au désespoir d'avoir été troublés dans leur dévotion.

A une petite distance de l'idole, je vis une espèce de hutte toute faite de peaux de vaches et de moutons séchées, à la porte de laquelle j'aperçus trois hommes que je ne pouvais prendre que pour des bouchers. Ils avaient de grands couteaux dans la main, et je vis au milieu de cette tente trois moutons et un jeune taureau égorgés. Il y a de l'apparence que c'était des victimes immolées à ce monstre de bois, que ces trois barbares étaient les prêtres et les sacrificateurs, et que les dix-sept que j'avais interrompus dans leur enthousiasme dévot, étaient ceux qui avaient apporté les victimes, pour se rendre leur dieu favorable.

J'avoue que la grossièreté de leur idolâtrie me choqua plus qu'aucune autre chose de cette nature que j'aie vue de ma vie. J'étais mortifié au suprême degré de voir la plus excellente

créature de Dieu, à qui, par la création, il a
donné de si grands avantages sur les autres animaux, à qui il a donné une âme raisonnable, capable
d'adorer son Créateur, et de s'en attirer les faveurs
le plus glorieuses, s'abâtardir assez pour se pros-
terner devant un *rien*, qu'il a rendu lui-même
terrible.

J'étais accablé de douleur en considérant ce
culte indigne, comme un pur effet d'ignorance,
changé par le démon lui-même en une dévotion
infernale, pour s'approprier un hommage et une
adoration qu'il envie à la Divinité, à qui seule elle
appartient.

Quoique l'illusion de ces pauvres gens fût si
basse et si brutale, que la nature même parait
devoir en avoir de l'horreur, elle n'était pas
moins réelle ; j'en voyais des preuves incontes-
tables de mes propres yeux, et il ne m'était pas
possible d'en douter en aucune manière. Dans
cette situation d'esprit, mon étonnement se tourna
en espèce d'indignation et de rage. Je poussai
mon cheval de ce côté là, et d'un coup de
sabre, je coupai en deux le bonnet du monstre,
dans le tems qu'un de nos gens saisit la peau
de mouton, et l'arracha du corps de cette effroyable
idole.

Cet effet de notre zèle fit dans le moment même
pousser des cris affreux par tout le village, et
bientôt je me vis environné de deux ou trois cents
de ces habitans, du milieu desquels je me tirai
au grand galop, les voyant armés d'arcs et de
flèches, bien résolu pourtant de rendre une seconde
visite à l'objet diabolique de leur honteuse adoration.

Notre caravane resta trois jours dans la ville,

qui n'était éloignée du village en question que
de quatre milles. Elle avait dessein de s'y pourvoir de quelques chevaux, à la place de ceux
qui étaient morts, et qui avaient été estropiés
par les mauvais chemins et par les grandes et
longues marches que nous avions faites dans le
dernier désert.

Ce retardement me donna le loisir d'exécuter
mon projet, que je communiquai au marchand
écossais de Moscou, qui m'avait donné des preuves si convaincantes de son intrépidité. Après l'a-
voir instruit de ce que j'avais vu, et de l'indignation avec laquelle j'avais considéré un effet si
horrible de l'abâtardissement où pouvait tomber la
nature humaine, je lui dis que si je pouvais seulement trouver quatre ou cinq hommes résolus et
bien armés, j'avais dessein d'aller détruire cette
abominable idole, pour faire voir clairement à ses
adorateurs, qu'incapable de se procurer elle-même,
il lui était impossible de donner la moindre assis-
tance à ceux qui lui adressaient leurs prières, et
qui s'en voulaient attirer la protection par leurs
sacrifices.

Il se moqua de moi, en disant que mon zèle pouvait venir d'un bon principe, mais que je n'en
pouvais pas attendre raisonnablement de fruit,
et qu'il ne pouvait pas comprendre mon but.
« Mon but, lui répondis-je, est de venger l'honneur de Dieu, qui est insulté, pour ainsi dire, par
cette idolâtrie infernale.

— Mais, repartit-il, comment vengerez-vous par
là l'honneur de la Divinité, si ces malheureux sont
incapables de comprendre votre intention, et si
vous n'êtes pas en état de la leur expliquer, faute
d'entendre leur langage? et quand même vous se-

riez capable de leur en donner quelque idée ,
vous n'y gagnerez que des coups ; car ce sont des
gens déterminés, surtout quand il s'agit de défendre
les objets de leur superstition.

— » Nous pourrions le faire de nuit , lui dis-je ,
et leur laisser par écrit les raisons de mon procédé. — C'est bien dit , me répliqua-t-il ; sachez ,
mon cher ami, que parmi cinq peuples entiers de
ces Tartares, il n'y a personne qui sache ce que
c'est qu'une lettre, ni qui puisse lire un mot dans
sa propre langue.

— » J'ai pitié de leur ignorance, repris-je ;
mais j'ai pourtant très-grande envie de mettre
mon projet en œuvre ; peut-être la nature
elle-même, quelque dégénérée qu'elle soit en
eux, leur en fera tirer des conséquences, et
leur fera voir jusqu'à quel point ils sont extra-
vagans, en adressant leur culte à un objet si
méprisable.

— » Ecoutez donc, monsieur, me dit-il, si votre
zèle vous porte à cette entreprise avec tant d'ardeur, je crois que vous êtes obligé en conscience
de l'exécuter : je vous prie pourtant de considérer,
que ces nations sauvages ont été assujetties par la
force des armes à l'empire du czar de Moscovie. Si
vous réussissez dans votre projet, ils ne manqueront
point de venir par milliers s'en plaindre au gouverneur de Nortsinskoi, et demander satisfaction.
S'il n'est pas en état de la leur donner, il y a
à parier deux contre un, qu'ils exciteront une
révolte générale, et qu'ainsi vous serez cause d'une
guerre sanglante, que sa majesté czarienne sera
obligée de soutenir contre tous les Tartares. »

Cette considération calma pendant quelques momens les transports de mon zèle ; mais bientôt après

elle m'anima avec la même force à la destruction de
cette idole, et pendant tout le jour cette idée me
roula dans l'esprit.

Sur le soir, le marchand écossais me rencontra
par hasard, en me promenant hors de la ville;
et m'ayant tiré à l'écart pour me parler : « Je
ne doute pas, me dit-il, que je ne vous aie détourné
de votre pieux dessein ; j'avoue pourtant que je n'ai
pas pu m'empêcher d'y rêver, et que je n'ai pas moins
d'horreur que vous pour cette idolâtrie. — A vous
parler naturellement, lui répondis-je, vous avez
réussi à me détourner de l'exécution précipitée
de mon projet; mais je l'ai toujours dans l'esprit, et je crois fort que, s'il m'est possible,
je le mettrai en œuvre avant que de quitter cet
endroit, quand je devrais être livré à ces barbares pour appaiser leur fureur. — Non, non,
me répliqua-t-il, il n'y a rien à craindre de ce
côté là ; le gouverneur n'aurait garde de vous
livrer à leur rage; ce serait en quelque sorte être
lui-même votre meurtrier. — Eh! comment croyez-
vous que ces malheureux me traiteraient, lui
dis-je? — Je vous dirai, répartit-il, comment ils
ont traité un pauvre Russe qui les avait insultés
dans leur culte honteux, comme vous avez envie
de faire.

Après l'avoir estropié avec une flèche, pour
le rendre incapable de s'enfuir, ils le mirent nu
comme ma main, le posèrent sur leur idole, et
l'ayant environné de toutes parts, ils tirèrent
tant de flèches dans son corps qu'il en fut tout
hérissé; ensuite ils mirent le feu au bois de toutes
ces flèches, et de cette manière ils l'offrirent comme
un sacrifice à leur divinité. — Etait-ce la même
idole, lui dis-je? — Oui, me répondit-il, c'était

justement la même. » Là dessus, je lui fis l'histoire de ce qui était arrivé à mes Anglais à
Madagascar, qui, pour punir le meurtre d'un
de leurs compagnons, avaient saccagé toute une
ville et exterminé tous les habitans; et je lui dis
qu'il serait juste qu'on fît de même à ceux de cet
abominable village, pour venger la mort de ce pauvre
chrétien.

Il écouta mon récit fort attentivement : mais
quand il entendit parler de traiter de même les
gens de ce village, il me dit que je me trompais fort en croyant que le fait fut arrivé là;
que c'était à plus de cent milles de ce village,
et que les gens du pays étaient accoutumés à
porter leur idole par toute la nation. « Eh bien!
lui répondis - je, il faut donc que l'idole soit
punie elle-même de ce meurtre, et elle le sera,
si le ciel me laisse vivre seulement jusqu'à demain
matin. »

Me voyant absolument déterminé à suivre ma résolution, il me dit que je ne l'exécuterais pas
seul, qu'il me suivrait, et qu'il prendrait pour
troisième un de ses compatriotes, fort brave
homme; il se nommait le capitaine *Ricardson*,
et m'assurait qu'il n'avait pas moins d'horreur
que moi pour des coutumes aussi diaboliques que
celles des Tartares. Il l'amena, et je lui fis un
détail de ce que j'avais vu, et de mon projet.
Là dessus nous résolûmes d'y aller seulement
nous trois, puisque mon associé, à qui j'en avais
fait la proposition, n'avait pas trouvé à propos
d'être de la partie. Il m'avait dit qu'il serait
toujours prêt à me seconder, quand il s'agirait
de défendre ma vie, mais qu'une pareille aventure n'était nullement de mon goût. Nous ne devions
donc être que nous trois et son valet, et nous primes

la résolution de n'exécuter notre entreprise qu'à minuit, et avec toute la précaution et avec tout le secret imaginable.

Cependant, en y pensant plus mûrement, nous trouvâmes bon d'attendre jusqu'à la nuit suivante, parce que, dans ce cas, la caravane devait partir le matin même après l'action, ce qui empêcherait le gouverneur de donner satisfaction à ces barbares à nos dépens, puisque nous serions déjà hors de son pouvoir.

Le marchand écossais, qui était aussi ferme dans sa résolution, qu'il se montra dans la suite brave en l'exécutant, m'apporta un habit de tartare, fait de peau de mouton, avec un bonnet, un arc et des flèches. Il s'en pourvut aussi, de même que son compagnon, afin que ceux qui nous verraient ne pussent jamais savoir quelle sorte de gens nous étions.

Nous passâmes toute cette nuit à faire plusieurs compositions de matières combustibles, de poudre à canon, d'esprit-de-vin et d'autres drogues de cette nature. Nous nous en munîmes pour la nuit destinée à l'entreprise ; nous prîmes avec nous un pot rempli de poix-résine, et nous sortîmes de la ville environ une heure après le soleil couché.

Il était à peu près onze heures quand nous arrivâmes à l'endroit en question, sans que nous puissions remarquer que le peuple eût la moindre appréhension touchant leur idole. Le ciel était couvert de nuages, néanmoins la lune nous donnait assez de lumière pour nous faire remarquer que l'idole était précisément dans le même endroit et dans la même posture où je l'avais vue auparavant.

Les gens du village dormaient tous, excepté dans la tente où j'avais aperçu les trois prêtres, que j'avais pris d'abord pour des bouchers ; nous entendîmes cinq ou six personnes parler ensemble ; nous jugeâmes par là que, si nous mettions le feu à cette divinité de bois, on ne manquerait pas de nous courir sus pour en empêcher la destruction ; ce qui ne pourrait que nous embarrasser extrêmement. Enfin, nous prîmes le parti de l'emporter, et de la brûler autre part : mais quand nous commençâmes à vouloir y mettre la main, nous la trouvâmes d'une si grande pesanteur, que force nous fut de songer à un autre expédient.

Le capitaine *Ricardson* était d'avis de mettre le feu à la hutte, et de tuer les Tartares à mesure qu'ils en sortiraient ; mais je n'en tombai pas d'accord, et j'étais du sentiment qu'il ne fallait tuer personne, si nous pouvions l'éviter. « Eh bien, dit là dessus le marchand écossais, je vous dirai ce qu'il faut faire ; nous tâcherons de les faire prisonniers, de leur lier les mains sur le dos, et de les forcer à être spectateurs de la destruction de leur infâme dieu. »

Heureusement nous avions sur nous une assez bonne quantité de la même corde qui nous avait servi à lier nos feux d'artifice ; ce qui nous détermina à attaquer d'abord les gens de la cabane avec aussi peu de bruit qu'il nous serait possible. Nous commençâmes par frapper à la porte, ce qui réussit précisément comme nous l'avions espéré Un de leurs prêtres venant pour ouvrir, nous nous en saisîmes d'abord, lui mîmes un bâillon à la bouche, afin qu'il n'appelât point au secours ; nous lui liâmes les mains et le menâmes devant l'idole, où nous le couchâmes à terre, après lui avoir encore lié les pieds.

Deux de nous se mirent ensuite à côté de la porte, en attendant que quelque autre sortît pour savoir ce qu'était devenu le premier ; et quand ils se virent trompés dans cette attente, ils frappèrent de nouveau tout doucement, ce qui en fit venir deux autres à la même porte, et nous les traitâmes précisément de la même manière que leur compagnon ; nous les accompagnâmes tous quatre jusqu'auprès de l'idole, où nous les plaçâmes à terre à quelque distance l'un de l'autre.

Quand nous revînmes sur nos pas, nous en vîmes deux autres venir hors de la tente, et un troisième qui s'arrêtait à la porte ; nous mîmes la main au collet aux deux premiers ; sur quoi le troisième s'étant retiré en poussant de grands cris, le marchand écossais le suivit de près, et prenant une des compositions que nous avions faites, propre à ne répandre que de la fumée et de la puanteur, il y mit le feu, et le jeta au milieu de ceux qui y restaient encore. En même tems, l'autre Écossais et mon valet ayant déjà lié les deux Tartares l'un à l'autre, les conduisirent vers l'idole pour voir si elle leur apporterait du secours, et ils nous vinrent rejoindre à toutes jambes.

Lorsque l'espèce de fumée que nous avions jetée dans la cabane l'eut tellement remplie de fumée, qu'elle avait presque suffoqué ces pauvres malheureux, nous y en jetâmes une d'une nature très-différente, qui donnait de la lumière comme une chandelle ; nous la suivîmes, et nous n'aperçûmes que quatre personnes, deux hommes, à ce que nous crûmes, et autant de femmes,

qui apparemment s'étaient occupés aux préparatifs de quelqu'un de leurs sacrifices diaboliques. Ils nous parurent mortellement effrayés ;
ils tremblaient comme la feuille, et la fumée
les avait tellement étourdis, qu'ils n'étaient point
en état de dire le moindre mot.

Nous les prîmes et liâmes comme les autres,
avec le moindre bruit qu'il nous fut possible,
et nous nous hâtâmes de les faire sortir de la
tente, parce qu'il ne nous était pas possible de
souffrir davantage cette fumée épaisse et puante :
en un mot, nous les plaçâmes auprès de leurs
camarades, devant leur divinité, et tout aussitôt
nous mîmes la main à l'œuvre. Nous commençâmes par répandre sur l'idole et sur ses magnifiques vêtemens, une bonne quantité de poix-
résine et de suif mêlé de soufre ; ensuite nous
lui remplîmes la gueule, les yeux et les oreilles,
de poudre à canon ; nous lui mîmes des fusées
dans son bonnet, et nous la couvrîmes toute,
pour ainsi dire, de feux d'artifice. Pour faciliter
encore davantage notre dessein, mon valet se sou-
vint d'avoir vu auprès de la tente un grand tas de
foin et de paille, il s'en fut de ce côté là avec le
marchand écossais, et ils en apportèrent autant
qu'il leur fut possible.

Tout étant préparé de cette manière, nous dé-
liâmes nos prisonniers, leur ôtames les baillons
de la bouche, les plaçâmes vis-à-vis de leur
dieu monstrueux, et ensuite nous y mîmes le
feu.

Un quart-d'heure à peu près se passa avant
que le feu prît à la poudre que nous lui avions
mise dans la bouche, dans les yeux et dans les
oreilles ; en s'allumant elle fendit presque toute

la statue, la défigura tellement que ce n'était plus qu'une masse informe. Peu contens encore de tout ce succès, nous l'entourâmes de noire paille, et persuadés qu'elle serait absolument consumée en moins de rien, nous commençâmes à songer à nous retirer; mais le marchand écossais nous en détourna, en nous assurant que, si nous nous en allions, tous les pauvres idolâtres se jeteraient dans le feu pour y être consumés avec leur idole. Nous résolûmes donc de nous arrêter jusqu'à ce que la paille fût toute brûlée.

Le lendemain nous fîmes fort les occupés, parmi nos compagnons de voyage, à tout préparer pour la marche, et personne ne pouvait soupçonner que nous eussions été autre part que dans nos lits, puisqu'il n'est rien moins que naturel de courir la nuit quand on prévoit une journée fatigante.

Mais l'affaire n'en resta pas là; le jour après, une grande multitude de gens vint, non-seulement du village, mais encore de tous les lieux d'alentour aux portes de la ville, pour demander au gouverneur russe satisfaction de l'outrage qui avait été fait à leurs prêtres, et au grand *Cham-Chi-Thangu*; c'est là le terrible nom qu'ils donnaient à la plus difforme divinité qu'on puisse trouver dans tout le paganisme. Le peuple de *Nortsinkoi* fut d'abord dans une grande consternation d'une visite si peu attendue, qui leur était faite par plus de trente mille personnes, qu'ils prévoyaient devoir s'augmenter en peu de jours jusqu'au nombre de cent mille âmes.

Le gouverneur russe leur envoya des gens pour tâcher de les appaiser, et leur donna les meil-

leures paroles imaginables ; il les assura qu'il
ignorait absolument toute cette affaire, et qu'il
était sûr qu'aucun soldat de la garnison n'avait
été hors de la ville pendant toute la nuit ; que
certainement cette violence n'avait pas été com-
mise par ses gens, et qu'il punirait exemplaire-
ment les coupables, s'ils pouvaient les lui indiquer. Ils répondirent avec hauteur, que tout le
pays avait trop de vénération pour le grand *Cham-
Chi-Thangu*, qui demeure dans le soleil, pour détruire sa statue ; que personne ne pouvait avoir
commis ce crime que quelque mécréant de chrétien, et que, pour en tirer raison, ils lui annon-
çaient la guerre, aussi bien qu'à tous les Russes,
qui n'étaient tous que des chrétiens et des mécréans.

Le gouverneur dissimula l'indignation que lui
donnait un discours si insolent, pour n'être pas
la cause d'une rupture avec ce peuple conquis,
que le czar lui avait ordonné de traiter avec douceur et honnêteté. Il continua à les traiter d'une
manière très-civile ; et pour détourner leur ressentiment de dessus sa garnison, il leur dit que
ce matin là même une caravane était sortie de
la ville pour s'en aller dans la Russie ; que c'é-
tait peut-être quelqu'un de ces voyageurs, qui
leur avait fait cet affront, et qu'il enverrait des gens
pour tâcher de le découvrir s'ils voulaient se contenter de ce procédé.

Cette proposition sembla les calmer un peu ;
et pour leur tenir parole, le gouverneur nous
envoya quelques-uns de ses gens, qui nous ins-
truisirent en détail de tout ce qui venait d'arriver, en nous insinuant que si quelqu'un de
la caravane avait donné lieu à cette émeute, il
ferait bien de s'échapper ; mais que, coupables

ou non, nous agirions prudemment en poussant notre marche avec toute la vîtesse possible, pendant qu'il ne négligerait rien pour amuser ces barbares, jusqu'à ce que nous fussions hors d'insulte.

Cette conduite du gouverneur était certainement des plus obligeantes; mais quand on en instruisit toute la caravane, il n'y eut personne qui ne fût parfaitement ignorant de toute l'affaire; et nous fûmes précisément ceux qu'on soupçonna le moins. On ne nous fit pas seulement la moindre question là dessus. Néanmoins, celui qui commandait alors la caravane profita de l'avis du gouverneur, et nous marchâmes pendant deux jours et deux nuits sans presque nous arrêter, afin de gagner *Jaravena*, une autre colonie du czar de Moscovie, où nous serions en sûreté. Je dois observer que la troisième marche devait nous faire entrer dans un grand désert qui n'a point de nom, et dont je parlerai plus au long dans son lieu. Si dans cette circonstance nous nous y étions trouvés, il est vraisemblable, comme on va le voir, que nous aurions été tous détruits.

La seconde journée après la destruction de l'idole, un nuage de poussière, qui paraissait à une grande distance derrière nous, fit croire à quelques-uns de la caravane que nous étions poursuivis. Ils ne se trompaient pas. Nous n'étions pas loin du désert, et nous avions passé par un grand lac, appelé *Schaks-Oser*, quand nous aperçûmes un grand corps de cavalerie de l'autre côté du lac, qui tirait vers le nord, pendant que nous marchions vers l'ouest. Nous étions ravis qu'ils eussent pris à côté du lac, au lieu que nous avions pris l'autre fort heureusement pour nous. Deux jours après nous ne les vîmes plus ; car s'imaginant qu'ils nous suivaient toujours comme à la piste, ils avaient poussé jusqu'au fleuve *Udda*. Il est fort large et fort profond, quand il s'étend plus vers le nord ; mais dans l'endroit où nous les vîmes, il est fort étroit et guéable.

Le troisième jour, ils virent leur méprise, ou bien on les instruisit du véritable chemin que nous avions pris, et ils nous poursuivirent avec toute la rapidité imaginable. Nous les découvrîmes environ au coucher du soleil, et nous avions par hasard choisi un endroit pour camper fort propre à nous y défendre.

Nous étions à l'entrée d'un désert de cinq cents milles de longueur, et nous ne pouvions pas nous attendre à trouver d'autre ville pour nous servir d'asile, que *Jaravena,* qui était encore à deux journées de nous : nous avions dans le lieu où nous étions, plusieurs petits bois, et notre camp était par bonheur dans un passage assez étroit, entre deux bocages peu étendus, mais extrêmement épais ; ce qui diminuait un peu la crainte que nous avions d'être attaqués cette même nuit. Il n'y avait que nous quatre qui savions au juste pourquoi nous étions poursuivis ; mais comme les *Tartares Monguls* ont la coutume de parcourir le désert en grandes troupes, les caravanes se fortifient toujours contre des camps volans de voleurs de grand chemin, et ainsi nos gens ne furent pas surpris de se voir poursuivis par cette cavalerie.

Non-seulement nous étions campés entre deux bois, mais notre front était encore couvert par un petit ruisseau ; de manière que vous ne pouvions être attaqués qu'à notre arrière-garde. Peu contens encore de tous ces avantages naturels de notre poste, nous nous fîmes un rempart devant nous de tout notre bagage, derrière lequel nous rangeâmes sur une même ligne nos chameaux et nos chevaux, et par-derrière nous nous couvrîmes d'un abattis d'arbres.

Nous n'avions pas encore fini cette espèce de fortification, quand nous eûmes déjà les Tartares sur les bras. Ils ne nous attaquèrent pas brusquement, comme nous avions cru, ni en voleurs de grand chemin. Ils commencèrent par nous envoyer trois députés pour nous dire de leur livrer les coupables, qui avaient insulté leurs prêtres, *et brûlé par le feu* leur dieu *Cham-Chi-Thangu*, afin qu'ils fussent *brûlés par le feu*, pour expier leur crime; et ils nous dirent que, si on leur accordait leur juste demande, ils se retireraient sans faire le moindre mal au reste de la caravane, sinon qu'ils nous brûleraient tous tant que nous étions.

Nos gens furent fort étourdis de ce compliment, ils se regardèrent les uns les autres pour examiner si quelqu'un ne découvrirait pas par sa contenance qu'il était particulièrement intéressé dans cette affaire. Mais celui qui avait fait le coup s'appelait *Personne* (1).

Là dessus le commandant de la caravane fit assurer aux députés, qu'il était très-persuadé que les coupables n'étaient pas dans notre camp; que nous étions tous des marchands d'une humeur paisible,

_____

(1) *Mauvaise plaisanterie, qui contraste avec le ton simple de l'ouvrage.*

et que nous ne voyagions que pour les affaires de
notre commerce ; que nous n'avions pas songé à
leur faire le moindre chagrin ; que par conséquent
ils feraient bien de chercher leurs ennemis autre
part, et de ne nous pas troubler dans notre marche,
ou bien que nous ferions tous nos efforts pour nous
défendre, et pour les faire repentir de leur entreprise.

Ils furent si éloignés de croire cette réponse
satisfaisante, que le lendemain au lever du soleil,
ils approchèrent de notre camp pour le forcer ;
mais quand ils en virent l'assiette, ils n'osèrent
pas nous venir voir de plus près que de l'autre côté
du petit ruisseau qui couvrait notre front. Là, ils
s'arrêtèrent en nous étalant une telle multitude, que
le plus brave de nous en fut effrayé. Ceux qui en
jugèrent plus modestement, crurent qu'ils étaient
dix mille tout au moins.

Après nous avoir considérés pendant quelques
momens, ils poussèrent des hurlemens épouvantables, en couvrant l'air d'un nuage de flèches. Nous nous étions heureusement assez bien
précautionnés contre un pareil orage ; nous
nous cachâmes derrière nos ballots, et si je
m'en souviens bien, aucun de nous ne fut
blessé.

Quelque tems après, nous les vîmes faire un
mouvement du côté droit, et nous nous attendîmes à
être attaqués par-derrière, quand un cosaque de
Jararena, qui était dans le service moscovite,
et qui était un fin drôle, s'approchant du commandant de la caravane, lui dit, que s'il voulait,
il se faisait fort d'envoyer toute cette canaille vers
Siheilka : c'était une ville éloignée de nous de
plus de cinq journées du côté du sud. Voyant
que le commandant ne demandait pas mieux,

il prend son arc et ses flèches et se met à cheval.
S'étant séparé de nous du côté de notre arrière-
garde, il prend un grand détour, et joignant les
Tartares, en qualité d'exprès qui leur venait
donner des lumières sur ce qu'ils cherchaient à
découvrir, il leur dit, que ceux qui avaient dé-
truit *Cham-Chi-Thangu* s'en étaient allés du côté
de *Siheilka*, avec une caravane de *Mécréans*,
dans la résolution de brûler encore *Schal-Isard*, le
dieu des *Tartares Tonguais*.

Comme ce garçon était une espèce de Tartare
lui-même, et qu'il parlait parfaitement bien leur
langage, il ménagea si bien son histoire, qu'ils
y ajoutèrent foi sans la moindre difficulté. Dans
le moment même ils s'en allèrent à toute bride,
et trois heures après nous n'en vîmes plus un
seul, nous n'en entendîmes plus parler, et nous
n'avons jamais su s'ils poussèrent jusqu'à *Siheilka*
ou non.

Après nous être tirés de ce danger, nous marchâmes en sûreté jusqu'à la ville de *Jaravena*,
où il y a une garnison moscovite, et nous y restâmes pendant cinq jours pour nous refaire de
la fatigue que nous avions essuyée dans nos dernières marches, pendant lesquelles nous n'avions
pas eu le loisir de fermer l'œil.

De là nous entrâmes encore dans un affreux
désert, que nous ne pûmes traverser qu'en vingt-
trois jours. Nous nous étions fournis de quelques
tentes, pour passer les nuits plus commodément,
et de seize charriots du pays, pour porter notre
eau et nos provisions. Nous en tirions encore un
grand service; pendant la nuit ils nous tenaient
lieu de retranchement, étant arrangés autour de
notre camp : en sorte que, si les Tartares nous

avaient attaqués, sans une supériorité excessive
du nombre, nous aurions pu les repousser sans
peine.

Dans ce désert, nous vîmes un grand nombre
de ces chasseurs, qui fournissent tout le monde
de ces belles fourrures de *Sables* et d'*Hermines*.
Ils sont, pour la plupart, *Tartares Monguls*, et
bien souvent ils attaquent de petites caravanes;
mais la nôtre n'était pas leur gibier, aussi n'en
avons-nous jamais vu de troupes entières. J'aurais
été fort curieux de voir les animaux dont ils tirent
ces peaux, mais il me fut impossible de parvenir
à mon but; car ces messieurs n'osèrent pas approcher de nous, et ç'aurait été une grande imprudence
à moi de me séparer de la caravane pour les aller
voir.

Au sortir de ce désert, nous entrâmes dans un
pays assez bien peuplé, et rempli, pour ainsi
dire, de villes, de châteaux, où le czar a établi
des garnisons pour la sûreté des caravanes, et
pour défendre le pays contre les courses des
Tartares, qui sans cela rendraient les chemins
fort dangereux. Sa majesté czarienne a donné des
ordres fort précis aux gouverneurs de ces places,
de ne rien négliger pour mettre les marchands
et les voyageurs hors d'insulte, et de leur donner
des escortes d'une forteresse à l'autre, au moindre
bruit qui se répandrait de quelque invasion des
Tartares.

Conformément à ces ordres, le gouverneur de
Adinskoi, à qui j'eus l'honneur de rendre mes
devoirs avec le marchand écossais qui le connaissait, nous offrit une escorte de cinquante
hommes jusqu'à la garnison prochaine, si nous

croyions qu'il y eût le moindre danger dans la
route.

Je m'étais imaginé pendant tout le voyage, que
plus nous approchions de l'Europe, et plus nous
trouverions les gens polis et les pays peuplés ;
mais je m'étais fort trompé à ces deux égards,
puisque nous avions encore à traverser le pays
des *Tartares Tonguais*, où nous vîmes les mêmes
marques d'un paganisme barbare, et même des
marques encore plus grossières que celles qui nous
avaient si fort choqués auparavant. Il est vrai qu'é-
tant entièrement assujétis par les Moscovites, et
mieux tenus en bride que les autres, ils n'étaient
ni si insolens, ni si dangereux que les *Monguls* ;
mais, en récompense, nous vîmes très-clairement
qu'ils ne le cédaient à aucun peuple de l'univers en
grossièreté de manières, en idolâtrie, et en nombre
de divinités. Ils sont tous couverts de peaux de
bêtes sauvages, aussi bien que leurs maisons ; et
il n'est pas possible de distinguer un homme d'une
femme, par l'habit ni par l'air. En tems d'hiver,
quand toute la terre est couverte de neige, ils vi-
vent dans des souterrains divisés en plusieurs différentes cavernes.

Si les *Monguls* avaient leur *Cham Chi-Thangu*
pour toute la nation, ceux-ci avaient des idoles
en chaque tente et en chaque cave. D'ailleurs
ils adoraient le soleil, les étoiles, la neige, l'eau,
en un mot, tout ce qui offrait à leur esprit quelque
chose de merveilleux ; et comme leur crasse ignorance leur fait trouver du surprenant partout, il
n'y avait presque rien qui ne fût honoré de leurs
sacrifices.

Il ne m'arriva rien de particulier dans toute cette
étendue de pays, dont les bornes étaient éloignées

du désert dont j'ai parlé en dernier lieu, de plus de quatre cents milles. La moitié de ce terrain peut bien passer pour un désert aussi, et nous fûmes obligés de voyager pendant douze jours, sans rencontrer ni maison ni arbre, et de porter avec nous notre eau et nos autres provisions.

Après nous être tirés de cette solitude, nous parvînmes en deux jours de marche à la ville de *Janezai*, située près d'un grand fleuve du même nom. On nous dit là que ce fleuve sépare l'Europe de l'Asie; de quoi nos faiseurs de cartes géographiques ne tombent pas d'accord. Ce qu'il y a de certain, c'est qu'il borne vers l'orient l'ancienne *Sibérie* (1). qui ne fait qu'une province du vaste empire des Moscovites, quoique elle soit plus grande que toute l'Allemagne.

Je remarquai que, dans cette province même, le paganisme et l'ignorance la plus brutale ont partout le dessus, excepté dans les garnisons russes. Toute l'étendue de terrain entre le fleuve *Oby* et le fleuve *Janezay*, est peuplée de païens, et de païens aussi barbares que les Tartares les plus reculés, et même que les sauvages les plus brutaux de l'Asie et de l'Amérique.

Je pris la liberté de dire à tous les gouverneurs moscovites que j'eus l'honneur d'entretenir, que

---

(1) *Contrée qui comprend la partie la plus septentrionale de la Russie et de l'Asie. C'est dans cette vaste province que l'empereur de Russie exile les grands de sa cour et les autres sujets de son empire.*

ces pauvres païens, pour être sous le gouvernement d'une nation chrétienne, n'en sont pas plus prêts à embrasser le christianisme. Ils me répondirent presque tous que je n'avais pas tort; mais que c'était une affaire qui ne les regardait pas. « Si le czar, disaient-ils, avait envie de convertir ses sujets sybériens, tongois et monguls, il devrait envoyer, pour cet effet, des ecclésiastiques, et non pas des soldats; et puisqu'il s'y prend d'une autre manière, il est naturel de croire que notre monarque songe plus à rendre ces peuples soumis à son empire, qu'à en faire des chrétiens. »

Depuis le fleuve *Janezay* jusqu'à l'*Oby*, il nous fallut traverser un pays abandonné en quelque sorte; ce n'est pas que le terrain en soit ingrat et incapable d'être cultivé : il n'y manque que des habitans et de l'industrie. A le considérer en lui-même, c'est un pays très-agréable et très-fertile; le peu d'habitans consiste entièrement en païens, si vous en exceptez ceux qu'on y envoie de la Russie. Je dois observer ici en passant, que c'est justement dans ce pays situé de l'un et de l'autre côté de l'*Oby*, que sont envoyés en exil les criminels moscovites qui ne sont pas condamnés à mort; et il leur est presque impossible de s'en échapper jamais.

Il ne m'arriva rien qui soit digne d'être rapporté jusqu'à mon arrivée à *Toholsky*, capitale de la *Sibérie*, où je demeurai pendant un tems considérable, par la raison que voici :

Nous avions mis à peu près sept mois à faire notre voyage, et l'hiver approchait à grands pas. La caravane devait aller à Moscou : mais nous n'y avions aucunes affaires, mon associé et moi; c'était notre patrie que nous avions uniquement en vue, et cette considération méritait bien que nous tinssions un peu conseil à part. Il est vrai qu'on nous disait merveilles des traîneaux tirés par des *rennes*, qui rendent si faciles et si rapides les voyages qu'on entreprend en tems d'hiver ; je sais bien que ce qu'on nous en rapportait, quelque surprenant qu'il fût était la vérité toute pure.

Les Russes aiment mieux voyager en hiver qu'en été, parce que, dans leurs traîneaux, ils passent les jours et les nuits avec toute la commodité imaginable, tandis qu'ils parcourent une espace extraordinaire. Tout le pays est couvert de neige durcie par le grand froid, qui fait une seule surface douce et égale des plaines, des rivières, des montagnes et des lacs.

Mais je ne pouvais rien gagner à un voyage de cette nature. Pour aller en Angleterre, je ne devais prendre que deux chemins. Je pouvais aller avec la caravane jusqu'à Jareslaw (1), et de là tourner vers l'ouest, pour gagner *Nerva* et le *golfe de Finlande*. Il m'était facile de passer de là, par mer ou par terre, à *Dantzick* (2), où peut-être je pouvais trouver l'occasion de me défaire avantageusement de mes marchandises des Indes; ou bien je devais quitter la caravane à une petite ville située sur la Dwina, d'où en six jours de tems je pouvais venir par *Archangel* (3), et passer de là par

---

(1) *Ville de la Russie, sur le Volga.*

(2) *L'une des plus grandes, des plus riches et des plus fortes villes d'Allemagne.*

(3) *Ville considérable de la Russie, avec un* port.

mer à Hambourg (1), en Hollande, ou en Angleterre.

Or, il était également extravagant de songer à
l'un et à l'autre de ces voyages pendant l'hiver. Il
était impossible d'aller à *Dantzick* par mer, parce
que la mer Baltique est toujours gelée dans cette
saison ; et de vouloir voyager par terre dans
ce pays là, c'était aussi dangereux que de marcher mal accompagné au travers des *Tartares
Monguls.* D'un autre côté, si j'étais arrivé à
Archangel au mois d'octobre, j'aurais trouvé tous
les vaisseaux partis, et la ville presque déserte,
puisque les marchands qui y font leur séjour pendant l'été, ont coutume de se retirer pendant l'hiver à Moscou. Ainsi j'aurais dû y essuyer un froid
extrême, et peut-être une grande disette de vivres,
sans compter une vie triste et désagréable, faute de
compagnie.

Il valait mieux par conséquent laisser là la
caravane, et faire tous les préparatifs nécessaires
pour passer l'hiver dans la capitale de la *Sibérie,*
où je pouvais faire fond sur trois choses très-
essentielles : savoir, l'abondance des vivres, une
maison bonne et chaude, avec du bois en quantité,
et enfin, très-bonne compagnie.

Je me trouvais alors dans un climat bien différent de mon paradis terrestre, ma chère île,
où je ne sentis jamais le froid que pendant les
frissons de ma fièvre ; au contraire, j'avais bien
de la peine à y souffrir des habits sur mon
corps, et je n'y faisais du feu que hors de la

_____

(1) *Grande, forte et belle ville d'Allemagne.*

maison, uniquement pour me préparer quelques mets. Ici je commençai à me fournir de trois bonnes camisoles, et de quelques grandes robes qui me pendaient jusqu'aux pieds, et dont les manches étaient boutonnées jusqu'au poignet. Il faut remarquer même, que toutes ces différentes sortes d'habits étaient doublées de bonnes fourrures.

Pour chauffer ma maison, je m'y pris d'une autre manière que celle dont on se sert en Angleterre, où l'on fait du feu dans des cheminées ouvertes, qui sont placées dans chaque chambre, ce qui laisse un air aussi froid qu'il était auparavant, dès que le feu est éteint. Je fis placer une cheminée semblable à une fournaise, dans un endroit qui était le centre de six chambres différentes; le tuyau par où devait sortir la fumée, allait d'un côté, et l'ouverture par où sortait la chaleur était justement du côté opposé; par là, toutes les chambres étaient entretenues dans une chaleur égale, sans qu'on découvrît le feu nulle part, de la même manière que dans les bains d'Angleterre.

C'est ainsi que mes appartemens étaient toujours chauds, quelque froid qu'il fît au dehors, et je n'étais jamais incommodé de la fumée.

Ce qui doit paraître fort incroyable, c'est ce que j'ai insinué touchant la bonne compagnie que je trouvai dans un pays de barbares, dans un des pays les plus septentrionaux de la Moscovie, un pays situé dans le voisinage de la mer Glaciale, et seulement éloigné de quelques degrés de la Nouvelle-Zemble.

Mais on y ajoutera foi sans peine, quand on voudra bien se souvenir que j'ai dit que la Sibéric est le séjour des criminels d'état de la Moscovie La ville capitale doit être par conséquent remplie de noblesse, de généraux, de grands seigneurs et de princes même. J'y trouvai le prince *Galitzin*, le vieux général *Robostiski*, et plusieurs autres personnages du premier rang, parmi lesquels il y avait plusieurs dames de distinction.

Par le moyen du marchand écossais, qui fut obligé de se séparer ici pour moi, je fis connaissance avec plusieurs de ces seigneurs, et même avec quelques-uns du premier ordre; j'en reçus plusieurs agréables visites, qui contribuèrent beaucoup à me faire trouver courtes, les tristes soirées de l'hiver.

Ayant lié conversation un jour avec le prince.... qui avait été autrefois un des ministres d'état de sa majesté czarienne, je lui entendis raconter les choses les plus merveilleuses de la grandeur, de la magnificence, de la domination, de l'étendue et du pouvoir absolu de son maître, l'empereur de la Grande-Russie. Je l'interrompis pour lui dire que je m'étais vu autrefois un monarque plus absolu que le czar de Moscovie, quoique mes sujets ne fussent pas si nombreux, ni mon empire tout à fait si grand que celui de cet empereur. Ce discours donna une grande surprise au prince russe, qui, me regardant avec une attention extraordinaire me pria très-sérieusement de lui dire s'il y avait quelque réalité dans ce que je venais de lui débiter si gravement.

Je lui promis que son étonnement cesserait dès que j'aurais eu le loisir de m'expliquer; et là dessus je lui dis que j'avais eu le pouvoir de disposer absolument de la fortune et de la vie de mes sujets, et que, malgré mon despotisme il n'y avait .en personne dans tous mes états dont je n'eusse été aimé avec une tendresse filiale.

Il me répondit, en branlant la tête, qu'effectivement de ce côté là, j'avais surpassé de beaucoup le czar son maître. « Ce n'est pas tout, monseigneur, repris-je, toutes les terres de mon royaume m'appartiennent en propre ; tous mes sujets n'étaient que mes fermiers, sans y être contraints, et tous tant qu'ils étaient, ils auraient hasardé leur vie pour sauver la mienne, et jamais prince ne fut si tendrement aimé, et en même tems si fort respecté et si craint de son peuple. »

Après l'avoir encore amusé pendant quelque tems de ces magnifiques chimères, fondées pourtant sur des réalités, mais très-minces, je lui fis voir clair dans le fond de cette affaire, et je lui donnai un détail de tout ce qui m'était arrivé dans l'île, et de la manière dont j'y avais gouverné mes sujets ; en un mot, je lui fis là dessus précisément le même récit que j'ai communiqué au public.

Toute la compagnie fut ravie de cette relation, et surtout le prince, qui me dit, en poussant un grand soupir, que la véritable grandeur de l'homme consistait à être son propre maître, et à s'acquérir un empire despotique sur ses propres passions, qu'il n'aurait pas changé une monarchie comme la mienne contre toute la domination de son auguste maître ; qu'il trouvait une félicité plus véritable dans la retraite à laquelle il avait été condamné, que dans la grande autorité dont il avait autrefois joui à la cour de son empereur, et que, selon lui, le plus haut degré de la sagesse humaine consistait à proportionner nos désirs et nos pas-

sions à la situation où la Providence trouvait bon
de nous ménager un calme intérieur au milieu des
tempêtes et des orages qui nous environnent extérieurement.

« Pendant les premiers jours que je passai ici,
continua-t-il, j'étais accablé de mon prétendu
malheur, je m'arrachais les cheveux, je déchirais
mes habits ; en un mot, je m'emportais à toutes les
extravagances ordinaires à ceux qui se croient accablés par leurs infortunes ; mais un peu de tems et
quelques réflexions me portèrent à me considérer
moi-même d'une manière tranquille, aussi bien que
les objets qui m'environnent.

» Je trouvai bientôt que la raison humaine, dès
qu'elle a l'occasion d'examiner à loisir tout le
détail de la vie, et la nature des secours qu'elle
peut emprunter de l'industrie pour la rendre heureuse, est parfaitement capable de se procurer
une félicité réelle, indépendante des coups du sort,
et entièrement convenable à nos désirs les plus
naturels, et au grand but pour lequel nous sommes
créés.

» Je compris en peu de jours, qu'un bon air à
respirer, des alimens simples pour soutenir notre
vie, des habits propres à nous défendre des injures de l'air, et la liberté de prendre autant d'exercice qu'il en faut pour la conservation de la santé,
sont tout ce qui peut contribuer aux besoins véritables de l'homme.

» J'avoue que la grandeur, l'autorité, la richesse
et les plaisirs qu'elle nous procure, et dont j'ai
eu autrefois ma bonne part, sont capables de
nous procurer mille agrémens ; mais d'un autre
côté, toutes ces sortes de plaisirs influent terriblement sur les plus mauvaises de nos passions

Elles fertilisent, pour ainsi dire, notre ambition, notre orgueil, notre avarice et notre sensualité. Ces dispositions de notre cœur, criminelles en elles-mêmes, contiennent les semences de tous nos autres crimes. Elles n'ont point la moindre relation avec ces talens qui font l'homme sage, ni avec ces vertus qui constituent le caractère du chrétien.

» Privé à présent de tout ce bonheur extérieur, source ordinaire des vices, éloigné du faux brillant, je ne le regarde que de son côté ténébreux; je n'y trouve que de la difformité, et je suis pleinement convaincu que la vertu seule rend l'homme véritablement sage, grand, riche, et qu'elle seule le prépare à la jouissance d'une félicité éternelle. Dans cette pensée, ajouta-t-il, je me trouve plus heureux au milieu de ce désert, que tous mes ennemis, qui sont en pleine possession de la richesse et de l'autorité qu'ils m'ont fait perdre, et dont je me sens déchargé comme d'un fardeau pesant.

» Vous penserez peut-être, monsieur, me dit-il encore, que je suis uniquement forcé à entrer dans ces vues par la nécessité, et que, par une espèce de politique, je fais de pareilles réflexions, pour adoucir un état que d'autres pourraient nommer misérable; mais vous vous tromperiez. S'il est possible à l'homme de connaître quelque chose de ses propres sentimens, je puis vous assurer que je ne voudrais pas retourner à la cour, quand le czar mon maître aurait envie de me rétablir dans toute ma grandeur, si jamais j'en suis capable. J'avoue que mon extravagance approchera de celle d'un homme qui, délivré de la prison de cette chair, et ayant déjà un goût de la félicité céleste, voudrait revenir sur la terre, et se livrer de nouveau aux faiblesses honteuses et à la misère de la vie humaine. »

Il prononça ce discours avec tant de chaleur et avec une action si pathétique, qu'on pouvait lire dans tout son air, qu'il exprimait les véritables sentimens de son cœur.

Je lui dis que je m'étais cru autrefois une espèce de monarque dans l'état que je lui avais dépeint; mais que pour lui, il n'était pas seulement un souverain despotique, mais encore un grand *conquérant*, puisque celui qui remporte la victoire sur ses désirs rebelles, qui s'assujétit soi-même, et qui rend sa volonté absolument dépendante de sa raison, mérite mieux ce titre glorieux, que celui qui renverse les murailles de la plus forte place. — « Je vous conjure pourtant, monseigneur, ajoutai-je, de m'accorder la liberté de vous faire une seule question. S'il vous était entièrement libre de sortir de cette solitude, et de mettre fin à votre exil, vous en serviriez-vous ? »

— « Monsieur, me répondit-il, votre question est subtile, et il faut faire quelque distinction très-exacte pour y répondre juste. Je vais pourtant vous satisfaire avec toute la candeur dont je suis capable. Rien au monde ne serait assez fort pour me tirer de mon exil, que les deux motifs suivans ; la satisfaction de voir mes parens, et le plaisir de vivre dans un climat un peu plus modéré. Mais je puis vous protester que si mon souverain voulait me remettre dans la pompe de sa cour, et dans l'embarras qui accompagne l'autorité du ministre, je n'abandonnerais pas ces lieux sauvages, ces déserts, ces lacs glacés, pour le faux brillant de la gloire et de la richesse, ni pour les plaisirs, ou pour mieux dire, les folies du courtisan le plus favorisé du prince. »

— « Mais, monseigneur, repris-je, peut-être n'êtes-vous pas seulement banni des plaisirs de la cour, de l'autorité et des richesses dont vous avez joui autrefois; il se peut que vos biens soient confisqués, que vous soyez privé de quelques-unes des commodités de la vie, et que vous n'ayez pas assez largement de quoi subvenir aux besoins d'un état médiocre. »

— « Vous ne devinez pas mal, me répliqua-t-il, si vous me considérez en qualité de prince, comme je le suis réellement : mais si vous me regardez simplement comme une créature humaine, confondue avec le reste des hommes, vous comprendrez facilement que je ne saurais tomber dans la disette, à moins que d'être attaqué par quelque maladie durable. Vous voyez notre manière de vivre; nous sommes ici cinq personnes de qualité; nous vivons dans la retraite, et d'une manière convenable à des exilés : nous avons sauvé tous quelque chose des débris de notre fortune, ce qui nous exempte de la fatigue de gagner notre subsistance par la chasse. Cependant les pauvres soldats qui se trouvent ici, et qui courent les bois pour prendre des renards et des sables, sont au large autant que nous. Le travail d'un mois leur fournit tout ce qui leur est nécessaire pour une année entière. Comme nous dépensons peu, nos besoins sont petits, et il nous est aisé d'y subvenir abondamment. »

Je m'étendrais trop, si je voulais rapporter toutes les particularités de l'entretien que j'eus avec cet homme véritablement grand. Il y fit voir un génie supérieur, une grande connaissance de la véritable valeur des choses, et une sagesse

soutenue par une noble piété. Il n'était pas difficile de se persuader que le mépris qu'il avait pour
le monde était sincère, et l'on verra dans la suite de
mon histoire que ces apparences n'étaient point
trompeuses.

J'avais déjà été là pendant huit mois dans un
hiver extrêmement obscur, et d'un froid si ex-
cessif, que je n'osais pas me hasarder dans les
rues sans être enfoncé dans les fourrures, et sans
même avoir un masque devant le visage, qui en
fût doublé. Il n'y avait qu'un trou pour la res-
piration, et deux autres pour me donner la liberté de voir et de distinguer les objets. Pendant trois mois nous n'eûmes que cinq heures de
jour, ou tout au plus six, et le reste du tems
il aurait fait une obscurité absolue, si la terre
n'avait pas été couverte de neige. Nos chevaux
étaient conservés sous la terre, et nos trois valets que nous avions loués pour avoir soin de
nous et de nos bêtes, souffrirent si fort de la
saison, que de tems en tems il fallut leur couper
quelque doigt, ou quelque orteil, de peur que la
gangrène ne s'y mît.

Il est vrai que nous étions fort chaudement dans
la maison ; nos murailles étaient épaisses, les
fenêtres petites et doubles. Les vivres ne nous
manquaient pas ; ils consistaient principalement
en viande de *renne séchée*, en biscuits fort bons,
en poisson sec, en mouton, et en chair de buffle,
qui est un fort bon manger, à peu près du goût
du bœuf. Notre boisson était de l'eau, mêlée
d'esprit-de-vin, au lieu d'eau-de-vie : quand
nous voulions nous régaler, nous avions, au lieu
de vin, de l'hydromel qui était admirable. D'ailleurs, les chasseurs, qui ne laissaient pas de

battre les bois, quelque tems qu'il fît, nous apportaient de tems en tems du gibier fort gras
et d'un goût excellent ; ils nous fournissaient
aussi quelquefois de grandes pièces d'ours, qu'on
mange là comme une venaison excellente ; mais
nous n'y trouvons pas grande délicatesse, nous
autres Anglais.

Ce qui nous venait fort à propos, c'est que
nous avions avec nous une provision de thé parfaitement bon, dont nous pouvions régaler nos
amis. En un mot, à tout prendre, il ne nous
manquait rien pour vivre agréablement.

Nous étions entrés dans le mois de mars ; les
jours commençaient à s'allonger, et le froid à
devenir supportable : plusieurs voyageurs faisaient
déjà les préparatifs nécessaires pour partir en traî-
neau ; mais pour moi, qui avait pris une résolution d'aller à *Archangel*, et non pas vers la
Moscovie et vers la mer Baltique, je ne fis pas
le moindre mouvement, persuadé que les vaisseaux qui viennent du sud ne partent guère pour
cette partie du monde qu'au mois de mai ou
au commencement de juin, et que, par conséquent,
si j'y arrivais au commencement d'août, j'y se-
ais avant qu'aucun vaisseau fût prêt pour le
etour.

Ainsi je vis partir devant moi tous les voyageurs et tous les marchands qui avaient, dans
e fond, raison de me devancer. Il arrive toutes
es années, qu'ils quittent la Sibérie pour aller
n partie à Moscou et en partie à *Archangel*,
our y débiter leurs fourrures, et pour acheter
la place tout ce qui leur est nécessaire pour
ssortir leurs magasins : ils ont huit cents milles à

faire pour revenir chez eux, et par conséquent ils se dépêchent.

Je ne commençai à emballer mes hardes et mes marchandises qu'à la fin de mai, et pendant que j'étais dans cette occupation, je me mis à penser à tous ces exilés qu'on laisse en liberté dès qu'ils sont arrivés en Sibérie. Ils peuvent aller partout où ils veulent, et j'étais fort surpris de ce qu'ils ne songeaient pas à gagner quelque autre partie du monde, où ils pourraient vivre plus à leur aise, et dans un meilleur climat.

Mon étonnement cessa, dès que j'eus proposé ma difficulté au prince, dont j'ai fait déjà plusieurs fois mention. Voici ce qu'il me répondit: « Il faut considérer d'abord, monsieur, l'endroit dans lequel nous sommes, et en second lieu, la situation où nous nous trouvons. Nous sommes environnés ici, nous autres exilés, de barrières plus fortes que des grilles et des verroux. Du côté du nord, nous avons une mer *innaviga-ble* (1), où jamais vaisseau ni chaloupe ne trouva passage ; et quand nous aurions quelque navire en notre possession, nous ne saurions de quel côté faire voile.

« De toute autre part nous ne saurions nous sauver, qu'à travers une étendue de terrain appartenant à sa majesté czarienne, d'environ trois cents quarante lieues. Il est absolument nécessaire de suivre les grandes routes frayées par les gouverneurs des provinces, et de passer par des

----

(1) *Mer Glaciale.*

villes où il y a garnison russe; en suivant les
chemins ordinaires, nous serions découverts indubitablement; et en prenant des routes détournées,
nous ne saurions manquer de mourir de faim.
Par conséquent il est certain qu'on ne saurait former
une pareille entreprise, sans se rendre coupable de
la plus haute extravagance. »

Cette seule réponse me réduisit au silence, et
me satisfit pleinement. Elle me fit parfaitement
bien comprendre, que ces exilés étaient aussi
bien emprisonnés dans les vastes campagnes de
la Sibérie, que s'ils étaient resserrés dans la citadelle de Moscou.

Cette conviction ne m'empêcha pas de me
mettre dans l'esprit que j'étais en état de tirer
ce grand homme de sa triste solitude, ni d'en
former le dessein, quelque dangereux qu'il pût
être pour moi-même.

Un soir je trouvai l'occasion de lui expliquer
mes pensées là-dessus, et de lui en faire la proposition. Je lui représentai qu'il m'était fort aisé
de l'emmener avec moi, puisqu'il n'était gardé
de personne, et que j'avais résolu de m'en aller
à Archangel, et non à Moscou; que dans cette
route je pouvais marcher avec mon train, en
guise d'une petite caravane, et qu'ainsi je ne
serais pas obligé de chercher des gîtes dans les
garnisons russes, mais que je pourrais camper
toutes les nuits où je voudrais; que de cette manière je le pouvais facilement conduire à Archangel, le mettre en sûreté à bord d'un vaisseau anglais ou hollandais, et le mener avec
moi dans des pays où personne ne songerait à
le poursuivre. Je l'assurai en même-tems que
j'aurais soin de lui fournir, pendant tout le
voyage, tout ce dont il aurait besoin, jusqu'à

ce qu'il fût en état de subsister par lui-
même.

Il m'écouta avec grande attention, et pendant
tout le tems que je parlais, il me regarda fixe-
ment; je pus voir même par son air, que ce que je
lui disais le mettait dans la plus violente agitation. Sa couleur changeait à tout moment, ses
yeux paraissaient tantôt vifs, tantôt éteints, et
son cœur semblait flotter entre plusieurs passions opposées. Il ne fut pas d'abord en état
de me répondre.

S'étant enfin un peu remis : « Etat malheureux, s'écria-t-il, que celui des pauvres mor-
tels, quand ils ne se précautionnent pas avec
toute l'attention possible contre tous les dangers qui menacent leur faible vertu ! Les actes de
l'amitié la plus sincère peuvent leur devenir des
pièges, et avec la meilleure intention du monde,
ils deviennent les tentateurs les uns des autres.
Mon cher ami, continua-t-il d'un air plus calme,
il y a tant de désintéressement dans l'offre que
vous me faites, que je connaîtrais fort peu le
monde si je ne m'en étonnais pas, et que je serais
le plus ingrat des hommes si je n'en avais toute la
reconnaissance possible.

» Mais parlez-moi naturellement : avez-vous cru
que le mépris que je vous ai fait voir pour le
monde était sincère, et que je vous ai découvert
le fond de mon âme, en vous assurant que, dans
mon exil, je m'étais procuré une félicité supé-
rieure à tous les avantages qu'on peut emprunter
de la grandeur et des richesses ? M'avez-vous cru
vrai, quand je vous ai protesté que je refuserais de
rentrer dans la condition brillante où je me suis vu
autrefois à la cour de mon maître ? M'avez-vous

cru honnête homme, ou m'avèz-vous pris pour un
de ces hypocrites, qui se dédommagent de leur
mauvaise fortune par une fausse ostentation de
piété et de sagesse ? »

Il s'arrêta là, non pas pour attendre ma réponse, mais parce que l'agitation de son cœur,
l'empêchait de poursuivre. J'étais plein d'admiration pour les sentimens de ce grand homme,
et cependant je ne négligeai rien pour l'y faire
renoncer. Je me servis de quelques argumens
pour le porter au dessein de se retirer de sa
triste situation ; je tâchai de lui faire considérer
ma proposition comme une porte que le ciel
ouvrait à sa liberté, et comme un ordre qu'il
recevait de la Providence, de se mettre dans un
état plus agréable, et de se rendre utile aux autres hommes.

« Que savez-vous, me répondit-il, si au lieu
d'un ordre de la Providence, ce n'est pas plutôt
une ruse du démon, qui, dans ma délivrance,
offre à mon âme l'idée d'une grande félicité,
uniquement pour me faire tomber dans un piège,
et pour me porter à courir moi-même à ma
ruine ?

» Dans mon exil, je suis libre de toute ten-
tation de retourner à ma misérable grandeur ; et
si j'étais libre, peut-être l'orgueil, l'ambition,
l'avarice et la sensualité, dont la source n'est
jamais entièrement tarie dans la nature humaine,
m'entraîneraient de nouveau avec impétuosité.
Alors cet heureux prisonnier redeviendrait, au
milieu des douceurs d'une liberté extérieure, l'esclave de ses sens et de ses passions.

» Non, non, non, mon cher monsieur, il
vaut bien mieux que je reste dans mon exil.

banni de la cour et exempt de crimes, que de
me délivrer de cette vaste solitude, aux dépens
de la liberté, de ma raison, aux dépens d'une
félicité éternelle, sur laquelle je fixe à présent
mes yeux, et que je pourrais perdre si j'ac-
ceptais vos offres obligeantes. Je suis un homme
faible, naturellement sujet à la tyrannie des passions : ne me tirez pas de mon heureuse défiance;
ne soyez pas en même tems mon ami et mon
tentateur. »

Si j'étais surpris de son discours précédent,
celui là me rendit absolument muet. Son âme
luttait d'une telle force contre ses désirs, et
contre ce penchant naturel à tout homme de
chercher ses commodités, que, quoiqu'il fît un
tems extraordinairement froid, il était tout en
eau. Voyant qu'il avait grand besoin de se tran-
quilliser, je lui dis en peu de mots qu'il ferait
bien de considérer cette affaire à loisir et d'une
manière calme, et là dessus je m'en retournai chez
moi.

Environ deux heures après, j'entendis quelqu'un
à la porte de ma chambre, et lorsque je me
levais pour l'ouvrir, il m'en épargna la peine:
c'était le prince lui-même.

« Mon cher ami, me dit-il, vous m'aviez presque persuadé; mais la réflexion est venue à mon
secours, et je me raffermis absolument dans mon
opinion; ne le trouvez pas mauvais, je vous en
prie. Si je n'accepte pas une offre aussi obli-
geante et aussi désintéressée que la vôtre, si je
refuse, ce n'est pas faute de reconnaissance : j'en
ai toute la gratitude possible, soyez-en sûr. Mais
vous ne voudriez pas que je me rendisse malheureux; vous avez trop de bon sens pour ne pas vous

réjouir de la victoire que j'ai remportée sur moi-même. »

— « J'espère, monseigneur, lui répartis-je, que vous êtes pleinement convaincu qu'en rejetant le parti que je vous propose, vous ne désobéissez pas à la voix du ciel. »—Monsieur, me dit-il, si cette proposition m'avait été faite par une direction particulière de la Providence, une direction toute pareille m'aurait forcé à l'accepter, et par conséquent j'ai lieu de croire que c'est par soumission à la voix du ciel que je refuse un parti si avantageux en apparence. Vous allez vous séparer de moi, et si vous ne me laissez pas entièrement libre, du moins vous me laisserez homme de bien, et armé contre mes désirs d'une sage précaution et d'une timidité prudente. »

Je ne pouvais que tomber d'accord de la sagesse de sa résolution, en lui protestant néanmoins que mon but avait été uniquement de lui rendre service. Il m'embrassa là-dessus avec une action tendre et passionnée, et m'assura qu'il était convaincu de la pureté de mes intentions, et qu'il serait charmé de m'en pouvoir témoigner sa reconnaissance.

Pour me faire voir que ses protestations étaient sincères, il m'offrit un magnifique présent de sables, et d'autres fourrures de prix. J'avais de la peine à me résoudre à l'accepter d'un homme qui était dans une malheureuse situation; mais il ne voulut point être refusé, et pour ne pas le désobliger, force me fut de prendre un présent si magnifique.

Le jour après, je lui envoyai mon valet avec un présent de thé, à quoi j'avais joint deux pièces de

damas de la Chine, et quelques petites pièces d'or
du Japon, qui ne pesaient pas six onces en tout;
par conséquent, il s'en fallait bien que mon présent
n'égalât le sien, qu'à mon retour en Angleterre
je trouvai de la valeur de plus de 200 livres
sterling.

Il accepta le thé, une pièce de damas et une
seule petite pièce d'or marquée du coin du Japon,
qu'il ne prit sans doute que comme une curiosité : et en me renvoyant le reste, il me fit dire
qu'il serait bien aise d'avoir une conversation avec
moi.

M'étant venu voir là dessus, il me dit que je
savais ce qui s'était passé entre nous, et qu'il
me conjurait de ne lui plus parler; mais qu'il serait bien aise de savoir si, lui ayant fait une offre
si généreuse, je serais d'humeur à rendre le même
service à une personne qu'il me nommerait, et
pour laquelle il s'intéressait de la manière la plus
tendre. Je lui répondis naturellement que je parle-
rais contre ma conscience, si je disais que j'étais
prêt à faire autant pour un autre que pour lui, pour
qui je sentais un profond respect et la plus parfaite
estime.

Cependant, continuai-je, si vous voulez bien
me nommer la personne en question, je vous
répondrai avec franchise; et si ma réponse vous
déplaît, j'ose espérer pourtant que vous ne m'en
voudrez point de mal. Il me dit qu'il s'agissait
de son fils unique, que je n'avais jamais
vu, et qui se trouvait dans la même condition
que lui, éloigné de *Tobolski,* de plus de deux cents
milles; mais qu'il trouverait le moyen de le faire
venir, si j'étais disposé à lui accorder cette
grâce.

Je n'hésitai pas un moment; je lui dis que j'y consentais de bon cœur, et que, ne pouvant pas lui montrer à lui-même jusqu'à quel point je le considérais, je serais charmé de lui en donner des marques dans la personne de son fils. Le lendemain il envoya des gens pour aller chercher le jeune prince, et il arriva trois semaines après, amenant avec lui six ou sept chevaux chargés des plus riches fourrures, dont la valeur montait à une somme très-considérable.

Ses valets conduisirent les chevaux dans la ville, en laissant leur jeune seigneur à quelque distance de là; mais il entra la nuit *incognito* dans la maison, et son père me le présenta. Dans le même moment, nous concertâmes tout pour notre voyage, et nous en réglâmes les préparatifs.

J'avais troqué dans cette ville une partie de mes marchandises des Indes contre une bonne quantité de *sables*, d'*hermines*, de *renards noirs*, *et autres fourrures de prix*. Ce que j'avais donné en échange consistait surtout en noix muscades et en clous de girofle, et dans la suite, je me défis de ce qui me restait à Archangel, où j'en tirai un meilleur parti que je n'aurais pu faire à Londres.

Ce commerce plut fort à mon associé, qui était plus avide de gain que moi, et dont le négoce était plus le fait qu'il n'était le mien. Il se félicitait fort du parti que nous avions pris de rester si long-tems dans la Sibérie, à cause des profits considérables que nous y avions faits.

C'était au commencement de juin que je partis de cette ville, si éloignée des routes ordinaires du

commerce, qu'elle ne doit pas faire grand bruit
dans le monde. Notre caravane était extrêmement
petite, puisqu'elle ne consistait qu'en trente chameaux en tout. Tout cela se passait sous mon nom,
quoique il y en eût onze dont le jeune prince était
propriétaire.

Ayant un si gros équipage, je devais avoir naturellement un bon nombre de domestiques ; par conséquent ceux du prince pouvaient bien passer pour
les miens. Ce seigneur lui-même prit le titre de mon
maître-d'hôtel, ce qui apparemment me fit prendre
pour un homme d'importance ; mais cette vanité me
chatouilla fort peu.

Nous fûmes obligés d'abord de passer le plus
grand et le plus désagréable désert que j'aie
rencontré dans tout le voyage. Je l'appelle le
désert le plus désagréable, parce que en plusieurs endroits le terrain est marécageux, et fort
inégal en plusieurs autres. Tout ce qui nous en
consolait, c'était de penser que nous n'avions
rien à craindre de ces brigands de Tartares qui
ne passent jamais l'*Oby*, ou du moins très-ra-
rement. Cependant, nous fûmes trompés dans ce
calcul là.

Le jeune prince avait avec lui un très-fidèle
domestique moscovite, ou plutôt sibérien, qui,
connaissant parfaitement bien tout ce pays,
nous conduisit par des routes particulières, pour
éviter les villes qui sont sur le grand chemin,
comme *Tumen*, *Soly - Kemskey*, et plusieurs
autres : il savait que les garnisons russes qui s'y
trouvent observent avec une exactitude très-
scrupuleuse l'ordre qu'elles ont d'examiner les
voyageurs, pour voir si quelque exilé de marque

ne s'aviserait pas de se glisser dans le cœur de la Moscovie.

Les mesures que nous prîmes ne nous exposaient pas à de pareilles recherches; mais d'un autre côté, elles nous forçaient à faire tout notre voyage par le désert, et à camper toutes les nuits sous nos tentes, au lieu qu'en passant par les villes nous aurions pu jouir de toutes les commodités imaginables.

Le jeune prince sentit si bien les désagrémens où ma bonté pour lui m'engageait, qu'il ne voulait pas consentir de camper toutes les fois que nous étions près de quelque ville. Il se contentait de coucher lui-même dans les bois avec son fidèle valet, et il savait nous rejoindre dans les endroits où nous étions convenus de l'attendre.

Nous entrâmes dans l'Europe en passant la rivière appelée *Kama*, qui, dans cet endroit, sépare l'Europe de l'Asie. La première ville européenne qu'on rencontre de ce côté là s'appelle *Soly-Kamskoy*, c'est-à-dire, *la grande ville sur le fleuve Kama*. Nous crûmes voir là le peuple mieux poli dans sa manière de vivre, dans ses habillemens et dans sa religion; mais nous nous trompâmes.

Dans le désert que nous avions à traverser, et qui, de ce côté là, n'a que deux cents milles d'étendue, quoique il en ait sept cents dans d'autres endroits, nous trouvâmes les habitans peu différens des Tartares Monguls. Ils donnent dans un paganisme tout aussi grossier que les sauvages de l'Amérique.

Leurs bourgs et leurs maisons sont pleins

15.

d'idoles, et leur manière de vivre est entièrement barbare, excepté dans les villes et dans les villages qui en sont proches, où l'on trouve des chrétiens qui se disent de l'église grecque, mais qui ont mêlé leur religion de tant de cérémonies superstitieuses, qui leur restent de leur ancienne idolâtrie, qu'on prendrait leur culte plutôt pour un *sortilège* que pour un culte chrétien.

En traversant cette vaste solitude, après avoir banni toute idée de danger de mon esprit, comme je l'ai déjà insinué, je courus risque d'être massacré avec toute ma suite par une troupe de brigands : je n'ai jamais pu savoir quelles gens c'était ; si c'était une bande d'une espèce de Tartares appelés *Ostiachi*, ou si c'était des Monguls répandus au-delà des bords de l'Oby, ou bien si c'était une troupe de chasseurs de la Sibérie, qui s'étaient assemblés pour prendre une autre proie que des *sables* et des *renards*. Ce que je sais parfaitement bien, c'est qu'ils étaient tous à cheval, qu'ils étaient armés d'arcs et de flèches, et que, quand nous les rencontrâmes pour la première fois, ils étaient à peu près au nombre de quarante-cinq. Ils approchèrent de nous jusqu'à deux différentes reprises ; et nous environnant de tous côtés, ils nous examinèrent avec une grande attention. Ensuite ils se postèrent justement dans notre chemin, comme s'ils avaient eu envie de nous couper le passage.

Là dessus, n'étant en tout que seize personnes, nous plaçâmes devant nous nos chameaux tous sur une même ligne, afin d'être plus en état de repousser cette canaille ; et ayant fait alte, nous envoyâmes le valet sibérien du prince pour les reconnaître. Son maître y consentit de bon cœur, d'autant plus qu'il craignait que ce ne fût une troupe de Sibériens, détachée exprès pour l'attraper dans sa fuite, et pour le ramener par force.

Ce brave domestique s'avança de leur côté, et se tenant à une certaine distance, il leur parla dans tous les différens dialectes de la langue sibérienne, sans pouvoir entendre un seul mot de ce qu'ils lui repondirent. Cependant il comprit, par leur action et par plusieurs signes qu'ils lui faisaient, qu'ils tireraient sur lui s'il avait la hardiesse d'approcher davantage.

Il retourna là dessus sur ses pas, pour venir faire son rapport, sans avoir grand'chose à nous dire, sinon qu'il les croyait *Kalmucks* ou *Circassiens* par leurs habits, et que, selon toutes les apparences, il devait y en avoir la plus grande quantité répandue dans le désert, quoique il n'eût jamais entendu dire auparavant que ces barbares se fussent si fort avancés du côté du nord. C'était une triste consolation pour nous; mais il n'y avait point de remède.

Il y avait à notre gauche, à un quart de mille de nous, et tout près de la route, un petit bosquet où les arbres étaient extrêmement serrés, et je considérai d'abord qu'il fallait nous avancer jusque-là, et nous y fortifier le mieux qu'il serait possible. Nous devions nécessairement gagner par là un double avantage; les branches épaisses et entrelacées nous mettraient à couvert des flèches de nos ennemis, et ils ne pourraient jamais nous attaquer en corps.

A parler franchement, c'était le vieux pilote portugais qui m'en fit d'abord venir la pensée. Ce bonhomme avait cette excellente qualité, qu'il conservait toujours son sang-froid dans le péril, et par là il était toujours le plus propre à nous donner de bons conseils et à nous inspirer du courage.

Nous exécutâmes d'abord ce projet avec toute la diligence possible, et nous gagnâmes le petit bois en question, sans que les Tartares ou les brigands fissent le moindre mouvement pour nous en empêcher.

Quand nous y fûmes arrivés, nous trouvâmes, à notre grande satisfaction, que c'était un terrain marécageux, et qu'il y avait d'un côté une grande source d'eau qui se répandait dans une espèce de petit lac, et qui, à quelque distance de là, était jointe par une autre source de la même grandeur. En un mot, nous nous vîmes justement auprès de la source d'une rivière considérable qu'on appelle *Writska*.

Les arbres qui croissaient à l'entour de cette source n'étaient qu'environ au nombre de deux cents, mais ils étaient fort serrés, comme j'ai déjà dit, et revêtus d'un branchage extrêmement touffu; en sorte que, dès que nous nous vîmes les maîtres de ce bocage, nous nous crûmes hors de danger, à moins que nos ennemis ne missent pied à terre pour nous attaquer.

Pour rendre encore cette entreprise plus difficile, notre vieux portugais s'avisa de couper de grandes branches, et de les laisser pendre dans les arbres, ce qui nous environna comme d'une fortification suivie.

Nous nous tînmes là en repos pour voir ce que les ennemis entreprendraient contre nous; mais ils ne firent pas le moindre mouvement pendant un espace de tems considérable. Enfin, à peu près deux heures avant la nuit, ils vinrent directement à nous, et quoique nous ne nous en fussions pas aperçus, nous trouvâmes que leur nombre était fort augmenté, et qu'ils étaient du moins quatre-vingt cavaliers, parmi lesquels nous crûmes remarquer quelques femmes.

Ils n'étaient éloignés de nous que d'une demi-portée de fusil, quand nous tirâmes un seul coup sans balle, en leur criant en même tems en langue russe *ce qu'ils voulaient, et qu'ils eussent à se retirer*. Comme ils ne nous entendaient pas, ce coup ne fit que redoubler leur fureur. Ils avancèrent à toute bride du côté du bois, sans s'imaginer que nous nous y fussions si bien barricadés, qu'il était absolument impossible de s'y faire un passage.

Notre portugais, qui avait été notre ingénieur, était aussi notre capitaine. Il nous pria de ne faire feu que lorsque nous verrions l'ennemi à la demi-portée du pistolet, afin que nous fussions sûrs de notre coup. Nous lui dîmes de nous en donner le signal, et il tarda si long-tems, que quelques-uns de nos ennemis n'étaient éloignés de nous que de la longueur de deux piques quand nous fîmes notre décharge.

Nous visâmes si juste, ou pour mieux dire, la Providence dirigea si bien nos coups, que nous en tuâmes quatorze, sans compter les chevaux, et ceux qui n'étaient que blessés; car nous avions tous chargé nos armes de deux ou trois balles tout au moins.

Ils furent terriblement étonnés d'une décharge si peu attendue, et se retirèrent à plus de deux

cents verges de nous. Nous eûmes dans cet intervalle, non-seulement le tems de recharger nos fusils, mais encore de faire une sortie et de saisir
cinq ou six chevaux, dont les maîtres avaient
apparemment perdu la vie. Nous vîmes facilement
que nos ennemis étaient des Tartares, mais il
ne nous fut pas possible de voir de quel pays
ils étaient, ni par quel motif extraordinaire ils
s'étaient avancés jusque-là.

Environ une heure après, ils firent un second
mouvement pour nous attaquer, et ils furent reconnaître notre petit bois de toutes parts, pour
voir s'ils n'y pouvaient pas trouver un autre
passage; mais remarquant que nous étions prêts
à leur tenir tête de tous côtés, ils se retirèrent
de nouveau, et pour nous, nous prîmes la résolution de nous tenir là clos et couverts pendant
toute la nuit.

Nous dormîmes fort peu, comme on le croira
sans peine, et nous passâmes presque toute la
nuit à nous fortifier davantage, et à barricader
tous les endroits par lesquels les ennemis pouvaient venir à nous, sans négliger de poser
partout des sentinelles, et de faire une garde
exacte.

Dans cette posture nous attendîmes le jour
avec impatience; mais il nous fit faire une découverte fort désagréable. Les ennemis, que nous
croyions découragés par la réception qu'ils avaient
reçue, s'étaient augmentés jusqu'au nombre de
trois cents, et ils avaient dressé dix ou douze
tentes ou huttes, tout comme s'ils avaient pris
la résolution de nous assiéger. Ils avaient placé
ce petit camp dans la plaine à un quart de lieu
de nous.

Nous fûmes tous fort consternés de cette vue, et j'avoue que pour moi, je me crus perdu, avec tout ce que j'avais de richesses avec moi. Quoique cette dernière perte eût été considérable, ce n'était pas celle là qui me touchait le plus ; ce qui m'effrayait davantage c'était la pensée de tomber entre les mains de ces barbares, à la fin d'un si long voyage, après avoir échappé à tant de dangers, et surmonté des difficultés si grandes et si nombreuses ; de périr à la vue du port, pour ainsi dire, et dans le moment même que je m'étais cru dans une entière sûreté.

Pour mon associé, sa douleur allait jusqu'à la rage ; il protesta que la perte de ses biens et celle de sa vie lui étaient égales ; qu'il aimait mieux périr en combattant que de mourir de faim, et qu'il se défendrait jusqu'à la dernière goutte de son sang.

Le jeune prince, qui était aussi brave que le plus vaillant guerrier de l'univers, était aussi du sentiment qu'il fallait se battre jusqu'au dernier souffle de vie, et le vieux pilote croyait que, de la manière dont nous étions postés, nous pouvions faire tête à nos ennemis et les repousser. Tout le jour se passa de cette manière, sans que nous pussions parvenir à une résolution fixe.

Vers le soir, nous aperçûmes qu'un nouveau renfort était venu aux Tartares, ce qui nous fit croire qu'ils s'étaient séparés en différentes bandes, pour rôder partout, et pour chercher quelque proie, et que les premiers avaient détaché quelques-uns des leurs pour donner avis aux autres du butin qu'ils avaient découvert.

Craignant que le lendemain ils ne fussent encore plus forts, je me mis à questionner les gens que nous avions amenés avec nous de *Tobolski*, pour savoir d'eux s'il n'y avait pas quelque route détournée par laquelle nous pouvions échapper à ces canailles pendant la nuit, et nous retirer vers quelque ville, ou bien trouver quelque part une escorte pour nous conduire à travers le désert.

. Le Sibérien, domestique du prince, nous dit que, si nous aimions mieux leur échapper que de les combattre, il se faisait fort de nous tirer de là, pendant la nuit, par un chemin qui allait du côté du nord vers *Petrou*, et de tromper indubitablement les Tartares, qui nous tenaient comme assiégés. Il ajouta que, malheureusement, son seigneur lui avait protesté qu'il voulait se battre et non pas se retirer.

Je lui répondis qu'il avait mal pris les expressions de son maître, qui était trop sage pour vouloir se battre simplement pour avoir le plaisir de se battre, et qui, quoique il eût déjà donné de grandes marques de son intrépidité, ne voudrait pas résister avec dix-sept ou dix-huit hommes à cinq ou six cents Tartares, sans y être contraint par une nécessité inévitable.

Si vous savez réellement, ajoutai-je, un sûr moyen de nous tirer d'ici sains et saufs, c'est l'unique parti qu'il y a à prendre. Il me répliqua que si son seigneur voulait le lui ordonner, il consentait à perdre la tête s'il n'exécutait pas le projet dont il s'agissait.

Il ne fut pas difficile de porter le jeune prince à

Nous suivîmes notre guide, qui ne connaissait que l'étoile polaire.

une résolution si sensée ; il donna à son domestique
les ordres nécessaires, et dans le moment même,
nous préparâmes tout pour faire réussir cette entreprise salutaire.

Dès qu'il commença à faire obscur, nous
allumâmes du feu dans notre petit camp, en
prenant nos mesures pour le faire durer pendant toute la nuit, afin de faire croire aux
Tartares que nous y étions encore, et aussitôt
que nous vîmes paraître les étoiles que le Sibérien avait marquées pour notre départ, nos
bêtes de charge étant déjà en état de marcher,
nous suivîmes notre guide, qui ne consultait
que *l'étoile polaire*, pour nous mener par ce
pays, dont une grande partie ne consistait qu'en
plaines.

Après avoir marché vigoureusement pendant
deux heures, nous vîmes que l'obscurité commençait à disparaître, et qu'il faisait plus clair
qu'il n'était nécessaire pour notre dessein : la
lune se levait, ce qui nous aurait été fort désa-
vantageux, si les Tartares s'étaient aperçus de
notre retraite.

Heureusement ils en furent les dupes, et nous
arrivâmes le matin à six heures, après avoir fait
quarante milles de chemin, et estropié plusieurs
de nos bêtes, à un village appelé *Kermanzinskoi*,
où nous nous reposâmes, sans entendre dire la
moindre chose de nos ennemis pendant tout le
jour.

Environ deux heures avant la nuit, nous nous
remîmes en marche, et nous restâmes en chemin
jusqu'au lendemain huit heures du matin. Il nous
fallut passer une petite rivière appelée *Kirlza*,

pour arriver à un gros bourg bien peuplé, et habité par les Russes, et nommé *Ozomois*. C'est là que nous nous délassâmes pendant quelque tems; nous y apprîmes que plusieurs *hordes de Tartares Kalmues*, s'étaient répandues dans le désert, mais que nous n'en avions plus rien à craindre; ce qui nous donna une très-grande satisfaction.

Nous restâmes là cinq jours entiers, tant pour goûter quelque repos, après des marches si fatigantes, que pour nous y fournir de quelques chevaux dont nous avions grand besoin. Nous avions les obligations les plus essentielles au brave Sibérien qui nous avait conduits jusque-là; et mon associé et moi nous lui donnâmes la valeur de dix pistoles, pour le récompenser de cet important service.

Une autre marche de cinq jours nous mena à *Veussima*, sur la rivière de *Witzogda*, qui se jette dans la *Dwina*, et de là nous vînmes à *Lawrenskoi*, le 3 de juillet. Nous goûtions là le plaisir de voir la fin de notre voyage par terre, puisque nous étions sur le bord de la *Dwina*, fleuve navigable, qui nous pouvait conduire en sept jours à Archangel.

Nous y louâmes deux grandes chaloupes pour notre bagage, et une espèce de barge fort commode pour nous-mêmes; nous nous embarquâmes le 7, et nous arrivâmes tous sains et saufs à Archangel le 18, ayant été en chemin, dans notre voyage par terre, y compris notre séjour à *Tobolski*, un an, cinq mois et trois jours.

Nous fûmes obligés de rester dans cette ville six semaines pour attendre l'arrivée des vaisseaux ; nous aurions été forcés d'y rester bien plus long-tems si un Hambourgeois n'était entré dans le port un mois avant le tems ordinaire qu'arrivent les vaisseaux anglais.

Après avoir mûrement délibéré sur le parti que nous devions prendre, nous considérâmes que nous pourrions nous défaire de nos marchandises aussi avantageusement à Hambourg qu'à Londres, et nous résolûmes de nous embarquer tous dans ce navire ; nous convînmes du *fret*, et dans le moment je fis embarquer toutes mes denrées.

Il était fort naturel de faire aller à bord mon *maître-d'hôtel* en même-tems, pour en avoir soin, et par là le jeune prince eut toute la commodité imaginable de se tenir à l'écart, pendant tout le tems qu'il nous fallait pour faire nos préparatifs. Il ne quitta pas le bord pendant tout ce tems là, de peur d'être reconnu dans la ville par quelques marchands moscovites.

Nous partîmes d'Archangel le 20 août ; et sans avoir de grands malheurs dans notre voyage, nous entrâmes dans l'Elbe le 12 de septembre. Nous trouvâmes à Hambourg, mon associé et moi, des occasions très-favorables de vendre nos marchandises, tant celles des Indiens que les fournitures que nous avions apportées de la Sibérie.

En partageant avec lui le produit de tous nos effets, j'eus pour ma part 3475 livres sterling........ 17 schelings et trois sols, malgré plusieurs pertes que nous avions été obligés de soutenir ; il est.

vrai que je comprends dans ma portion une partie de diamans que j'avais achetés au Bengale, pour mon compte particulier, et qui valaient bien 600 livres sterling.

Ce fut là que le jeune prince prit congé de nous. Il monta l'Elbe dans le dessein d'aller à la cour de Vienne (1), où il espérait trouver de la protection, et d'où il pouvait entretenir correspondance avec ceux des amis de son père, qui étaient encore en vie.

Il ne se sépara pas de moi, sans me témoigner, de la manière la plus forte, la reconnaissance qu'il sentirait toute sa vie pour le service que je lui avais rendu, et pour les tendres marques d'amitié que j'avais données au prince son père.

Après être resté quatre mois à Hambourg, je passai par terre en Hollande, où m'étant embarqué dans le *paquebot*, j'arrivai à Londres le 20 de janvier 17.5, dix ans et neuf mois après mon départ d'Angleterre.

Je me trouve à présent dans ma patrie, bien résolu de ne plus me fatiguer, en cherchant des aventures par le monde; il est tems que je me prépare à un voyage plus long que tous ceux que je viens de décrire.

----

(1) *Capitale de l'Autriche, et résidence des Empereurs d'Allemagne.*

Pendant une vie de 72 ans, variée par un si grand nombre de différentes révolutions, j'ai appris suffisamment à connaître le prix de la retraite, et le bonheur inestimable qu'un homme sage doit trouver à finir ses jours en paix.

FIN DU TOME QUATRIÈME ET DERNIER.

www.ingramcontent.com/pod-product-compliance
Lightning Source LLC
Chambersburg PA
CBHW070608100426
42744CB00006B/432